アクティブ・ラーニングに対応した道徳授業

~多様で効果的な道徳指導法~

DVD「アクティブ・ラーニングに対応した道徳授業の実践例」付き

柳沼良太・竹井秀文　著

教育出版

はじめに

　本書は、アクティブ・ラーニングに対応した道徳授業のあり方を、理論面と実践面から解説した本である。「Ⅰ　アクティブ・ラーニングに対応した道徳授業の理論」「Ⅱ　アクティブ・ラーニングに対応した道徳授業の実際」の二部構成とし、Ⅰを主として柳沼が、Ⅱを共著者の竹井秀文先生が主として執筆している。また、付録DVDには、竹井先生が前任校の東京学芸大学附属竹早小学校で行った授業のようすを収めている。

　これまでわが国の道徳授業は、教師が子どもに登場人物の心情を理解させ、特定の道徳的価値を自覚させる指導法に偏りがちであった。それに対して、「特別の教科」となる道徳科では、子どもが主体的かつ能動的に人生の諸問題を考え、協働的に議論し合い、道徳的な資質・能力を育成する指導法へと抜本的に質的転換することが目指されている。いわゆるコンテンツ・ベースの指導法からコンピテンシー・ベースの指導法への移行である。そこでは、各教科における学習指導要領の全面改訂に先行して、道徳科がアクティブ・ラーニングに対応した多様で効果的な指導法を積極的に導入することが求められている。

　こうした道徳科における多様で効果的な指導方法については、「具体的にどうやればいいのか」「従来の指導法とどこが違うのか」と問われることが多い。従来の心情理解に偏った指導法を少し変えただけの道徳授業が、あたかも新しい指導法であるかのように紹介されることもある。一方で、これからの指導法にはタブーがなくなり、日常の問題をただ話し合う学級活動や生徒指導のような道徳授業をすればよいと誤解されることもある。そうした道徳科の趣旨から外れた授業では、逆に質的低下を招くことにもなりかねないだろう。

　そこで、道徳科が設立された趣旨や教育目標を踏まえて、アクティブ・ラーニングに対応した多様で効果的な道徳授業はどうあるべきかを理論的に確立し、その目標と指導法と評価法を一体化したかたちで提示することが肝心になる。そのために、まず、道徳科の目標となる「道徳性の育成」を、「生きる力」やキー・コンピテンシーや21世紀型能力の育成とも関連づけながら再定義する必要がある。次に、子どもたちが道徳科で「何を学ぶか」「どのように学ぶか」「何ができるようになるか」を総合的に構想していく。それらを踏まえて、子どもが主体的、能動的、協働的に学び考え議論し、社会や世界と関わり、よりよく生きることができるような指導法と評価法を具体的に開発するべきである。

　本書の共著者で、実際の道徳授業を開発・実践されている竹井先生は、これまでも実にユニークでおもしろく有意義な授業実践を豊富に創り出されている。竹井先生と筆者は、岐阜大学教育学部とその附属小学校において問題解決型の道徳授業を共同開発して以来、今日に至るまで多様で効果的な道徳授業のあり方をともに研究してきた。本書では、竹井先生と筆

者がこれまでの研究成果を集大成しながら、新しい道徳科にふさわしい授業のあり方をアクティブ・ラーニング型として提示することにした。

このたびの道徳教科化の検討過程において、中央教育審議会道徳教育部会（2014年）では、筆者が委員として多様で効果的な指導方法のあり方を提案してきた。その後、道徳教育に係る評価等の在り方に関する専門家会議（2015年）のヒアリングでは、第2回の会合で筆者が本書で示すような指導と評価の理論を発表し、第3回の会合では竹井先生が本書で示すような道徳授業の実践的内容を発表している。本書ではそうした諸会合で示したアクティブ・ラーニング型の道徳授業のあり方を具体的に提示している。

それと同時に、上述した諸会議において、筆者は新しい道徳指導法のモデルケースとなる道徳授業を録画して、全国の教員研修や教員養成課程で活用していただくべきだと提言もしている。そこで本書では、竹井先生の三つの授業実践を実際に録画して制作したDVDを付録にした。「百聞は一見に如かず」である。ぜひ本書の授業実践をライブ感覚で観て、聴いて、実感していただき、今後の授業改善にお役立ていただきたい。

今回収録した道徳授業は、誰にもまねできないような「名人芸」ではなく、一般の先生方が参考にして実践できるような標準仕様となるよう心がけた。それゆえ、こうした授業の実際をご覧いただいて、「これらの授業から何を学べるか」「これからの道徳授業を充実させるうえでどう役立てることができるか」という視点で考え、話し合い、活用していただきたい。道徳授業を抜本的に改善・充実するためには、このように互いにベストを尽くした授業実践をオープンに示し合い、学び合い、高め合うことが大事なのである。

そしてその後には、ぜひ本書で取り上げたようなアクティブ・ラーニング型の道徳授業を開発・実践していただきたい。DVDの授業映像からもわかるように、子どもは道徳上の問題について真剣に向き合い、多面的・多角的に考え、「自分の生き方」や「人間としての生き方」を見いだしている。こうした子どもたちが生き生きと学び、考え、議論する道徳授業が全国に広まることを切に願いたい。

道徳の教科化は、旧態依然として変わらずにきたわが国の道徳教育を真に改革するための「最後の希望」である。21世紀をよりよく生きようとする子どもたちの資質・能力を養うために、本書が少しでも寄与することができれば幸甚である。

平成28年5月5日　こどもの日に

柳沼　良太

目　次

はじめに

Ⅰ　アクティブ・ラーニングに対応した道徳授業の理論

1章　アクティブ・ラーニングに対応した道徳授業 …… 2
1　アクティブ・ラーニングとは …… 2
(1) アクティブ・ラーニングの登場　2　　(2) 新しい時代に対応するアクティブ・ラーニング　3
(3) これから求められる資質・能力　4　　(4) アクティブ・ラーニングの指導方法　5
2　道徳科におけるアクティブ・ラーニングとは …… 6
(1) 道徳科におけるアクティブ・ラーニング　6
(2) 「読む道徳」から「考え議論する道徳科」へ　7
(3) アクティブ・ラーニングに対応した道徳科の指導法　8
(4) アクティブ・ラーニングに対応した道徳科の評価　9
3　資質・能力としての道徳性 …… 11
(1) 道徳性と「生きる力」　11　　(2) コンピテンシーと道徳性　12
(3) コンピテンシーを育成する学習　13　　(4) 21世紀型能力と道徳性　14
(5) 教科としての道徳授業　15
4　「道徳の時間」から「道徳科」へ …… 16
(1) 道徳教科化の経緯　16　　(2) 従来の道徳授業の課題　17
(3) 多様で効果的な道徳科の授業を求めて　18
(4) 「道徳的実践力の育成」から「道徳性の育成」へ　19　　(5) 諸外国との比較　20

2章　道徳の目標と指導法のあり方 …… 22
1　道徳教育の目標 …… 22
2　道徳科の目標 …… 23
3　育成すべき道徳性の諸様相 …… 24
4　目標と指導法の関係 …… 25

3章　道徳科の多様で効果的な指導法 …… 27
1　指導の基本的方針 …… 27

2　認知的側面の指導 …………………………………………………………………… 27
　　　　(1) 習得的な学習の活用　27　　(2) 問題解決的な学習の活用　28　　(3) 応用問題の設定　30
　　　　(4) 今日的課題の導入　31
　　3　情緒的側面の指導 …………………………………………………………………… 32
　　　　(1) 共感的な理解力　32　　(2) 偉人・先人へのあこがれ　33　　(3) スポーツ　34
　　　　(4) 自然の美しさや崇高なものの偉大さ　34　　(5) 伝統や文化　35　　(6) 多様な指導法　35
　　4　行動的側面の指導 …………………………………………………………………… 37
　　　　(1) 役割演技の導入　37　　(2) 実体験活動の導入　38　　(3) 礼儀作法の教育　39
　　　　(4) 特別活動などの体験活動との関連づけ　40

　実践のポイント
　　① 言葉の本当の意味を考え議論する　28　　② 授業過程を大切にする（特に導入は大切）　29
　　③ 宿題（ドリル）の感覚で出題する　30　　④ 教えようではなく、ともに考えようとする　31
　　⑤ 心情を問う利点を考える　32　　⑥ 偉人・先人の生き方の共通点を探る　33
　　⑦ スポーツ選手から学ぶ「自分らしさ」　34　　⑧ 「美しいと言える美しい心」を育む　35
　　⑨ 伝統・文化の学習は国際理解の学習と表裏一体　35　　⑩ 多様な指導法にチャレンジしよう　36
　　⑪ 場面ごとの気持ちを考えさせる役割演技を　38　　⑫ 道徳学習の後にミニ実体験活動を　39
　　⑬ 挨拶を強要する前に、その意味・役割を考えさせる　40
　　⑭ 道徳の学習を他の体験活動に関連づける　41

4章　道徳科の多面的な評価法 …………………………………………………………… 43
　1　評価の基本方針 ……………………………………………………………………… 43
　2　認知的側面の評価 …………………………………………………………………… 44
　　　　(1) 思考・判断・表現の観点　44　　(2) 知識・理解　45
　3　情緒的側面の評価 …………………………………………………………………… 46
　　　　(1) 関心・意欲・態度　46　　(2) 道徳的心情　46　　(3) 道徳的な実践意欲・態度　46
　4　行動的側面の評価 …………………………………………………………………… 47
　　　　(1) 技能の観点　47　　(2) 日常生活の道徳的実践　47　　(3) 「行動の記録」の活用　47
　　　　(4) ポートフォリオ評価の活用　48　　(5) 道徳の目標設定シートと振り返りシート　48

Ⅱ アクティブ・ラーニングに対応した道徳授業の実際

授業展開例1　1年　人に温かく接し、親切にする心　役割演技 問題解決的な学習　*54*

　　　　　　　📀 付録DVD解説　*60*

授業展開例2　1年　自分の特徴に気付く心　言語活動の充実 協働的な学び　*61*

授業展開例3　2年　友達と仲よく、助け合う心　役割と学校 問題解決的な学習　*67*

授業展開例4　2年　素直に伸び伸びと生きる心　役割と演技　*73*

授業展開例5　3年　よく考えて行動し、節度のある心　問題解決的な学習 他の教育活動との連携　*79*

授業展開例6　4年　美しいものに感動する心　協働的な学び 言語活動の充実　*85*

授業展開例7　4年　礼儀を大切にする心　スキルトレーニング　*91*

　　　　　　　📀 付録DVD解説　*97*

授業展開例8　5年　生命を尊重する心　複数時間扱い 教科横断的学習　*98*

授業展開例9　5年　きまりの意義を理解し、守る心　問題解決的な学習　*104*

授業展開例10　6年　よりよく生きる喜びを感じる心　役割と演技 グループ交流 言語活動の充実　*110*

　　　　　　　📀 付録DVD解説　*116*

授業展開例11　6年　先人の努力を知り、国や郷土を愛する心
　　　　　　　　　　　　　　　　　　ゲストティーチャーの活用 他の教育活動との連携　*117*

おわりに

I

アクティブ・ラーニングに対応した道徳授業の理論

● I アクティブ・ラーニングに対応した道徳授業の理論

1章 アクティブ・ラーニングに対応した道徳授業

1 アクティブ・ラーニングとは

(1) アクティブ・ラーニングの登場

　次期の学習指導要領が小学校では2020（平成32）年度から、中学校では2021（平成33）年度から全面改訂され、アクティブ・ラーニングに対応した授業を展開することが目指されることになる。これに先行して、小学校では2018（平成30）年度から、中学校では2019（平成31）年度から「特別の教科」となる道徳科の授業でもこうした新しい指導法を積極的に受け入れ、抜本的に質的転換をすることになる。

　アクティブ・ラーニングという用語がわが国で登場するのは、2012（平成24）年8月の中央教育審議会答申の「新たな未来を築くための大学教育の質的転換に向けて」においてである。この答申では大学教育のあり方について以下のように説明している。

　「生涯にわたって学び続ける力、主体的に考える力を持った人材は、学生からみて受動的な教育の場では育成することができない。従来のような知識の伝達・注入を中心とした授業から、教員と学生が意思疎通を図りつつ、一緒になって切磋琢磨し、相互に刺激を与えながら知的に成長する場を創り、学生が主体的に問題を発見し解を見いだしていく能動的学修（アクティブ・ラーニング）への転換が必要である」。この答申の用語集では、アクティブ・ラーニングを「教員による一方向的な講義形式の教育とは異なり、学修者の能動的な学修への参加を取り入れた教授・学習法の総称」として定義づけている。

　このように旧態依然とした大学教育を何とか改革しようとする機運から導入されたアクティブ・ラーニングではあったが、それは初等・中等教育にも全面的に取り入れられることになった。2014（平成26）年11月に諮問された「初等中等教育における教育課程の基準等の在り方について」では、次のように説明している。「『何を教えるか』という知識の質や量の改善はもちろんのこと、『どのように学ぶか』という、学びの質や深まりを重視することが必要であり、課題の発見と解

決に向けて主体的・協働的に学ぶ学習（いわゆる『アクティブ・ラーニング』）や、そのための指導の方法等を充実させていく必要」がある。

　もともと小・中学校ではこうしたアクティブな問題解決学習は取り入れられてきたわけだが、改めてその教育的意義を再確認し、子どもが主体的で協働的に学び合う学習のあり方が推奨されることになった。こうした流れの中で、特別の教科となる道徳科においても、アクティブ・ラーニングが積極的に導入されることになったのである。

(2) 新しい時代に対応するアクティブ・ラーニング

　もともとアクティブ・ラーニングとは、子どもが主体的かつ能動的に問題を解決する学習形態である。これまでのわが国の授業は、教師が知識や価値（指導内容）を一方的に伝達・注入し、子どもは教師が示す正解をそのまま受け入れるパッシブ・ラーニング（受動的な学習）となる傾向が強かった。たしかに変化に乏しい静態的な社会であれば、こうした指導法で共通した知識や価値観を伝達し、子どもたちの知性や徳性を画一的に陶冶し、既存の組織や企業に適合できる人材を育成するだけで済ませることもできた。

　しかし、今日のように変化が激しく価値観が多様化した社会では、既存の知識や価値だけではとうてい対応できなくなる。予測もつかない諸問題が次々と現れる社会において、ただ受け身で対処するのではなく、多様な個性をもつ子どもが自らの知性、情緒、想像力を発揮して、未知の諸問題にも主体的に取り組み、他者と協働探究しながら、よりよい生き方やよりよい社会を目指して尽力することが求められる。

　こうした時代に対応するために、次期の学習指導要領のあり方について検討してきた教育課程企画特別部会では、2015（平成27）年8月の「論点整理」の中で、これからの子どもたちに求められる資質・能力について次のように示している。「これからの子供たちには、社会の加速度的な変化の中でも、社会的・職業的に自立した人間として、伝統や文化に立脚し、高い志と意欲を持って、蓄積された知識を礎としながら、膨大な情報から何が重要かを主体的に判断し、自ら問いを立ててその解決を目指し、他者と協働しながら新たな価値を生み出していくことが求められる」。そこで、こうした「資質・能力」を着実に育成するための指導法として、アクティブ・ラーニングが全教科や領域において導入されることになったのである。

　こうした資質・能力を育む指導法について「論点整理」では、次のように説明

している。「次期改訂が目指す育成すべき資質・能力を育むためには、学びの量とともに、質や深まりが重要であり、子供たちが『どのように学ぶか』についても光を当てる必要があるとの認識のもと、『課題の発見・解決に向けた主体的・協働的な学び（いわゆる「アクティブ・ラーニング」）』について、これまでの議論等も踏まえつつ検討を重ねてきた」。

そのためにも、パッシブ・ラーニングからアクティブ・ラーニングへと質的に転換することが求められている。そこでは、子どもが主体的に問題を発見し、解を見いだしていく学習が主となり、互いに考え議論し探究して、相互に成長し合える学習が目指されている。

(3) これから求められる資質・能力

アクティブ・ラーニングが導入される前提には、上述したように新しい資質・能力観がある。ここで「新しい時代に求められる資質・能力」についても確認しておこう。これまでの学習指導要領は、内容（コンテンツ）を中心に構成され、ある分野・領域の知識や技能を子どもに正確に伝達することが求められてきた。それに対して、これからは特定の分野や領域に限定されず、広い範囲で汎用性の高い資質・能力（コンピテンシー）を育成することが目指されてきている。これがいわゆるコンテンツ・ベースの教育からコンピテンシー・ベースの教育への質的転換である。

こうした資質・能力の育成を目指すアクティブ・ラーニングでは、子どもに対する発問の形式も大きく変わることになる。そこでは、従来のように「何を知っているか」を問うのではなく、「どのような問題解決を現に成し遂げるか」を問うことになる。そこでは、問題の原因や理由を追究する問い（Why）よりも、問題をいかに解決するかを追究する問い（How）が重視されることになる。そして最終的には、子どもが主体性をもって「どのように社会・世界と関わり、よりよい人生を送るか」が問われることになる。

こうしたアクティブ・ラーニングでは、どれだけ知識や技能を習得したかだけでなく、それらを別の問題場面でも効果的に活用・応用できるかが重視されることになる。こうした中で、粘り強く問題を解決する力、自分の意志や感情をコントロールする自己調整能力、複雑な対人関係の問題に対応する社会的スキルなども求められる。こうした資質・能力を身につけることで、学習の成果は他の学習にも転移し、日常生活にも活用されるようになる。このようにアクティブ・ラーニングは、単なる知識・技能の習得だけでなく、その活用・応用・発展を目指し、

行動様式や生き方（ライフ・スタイル）の探究にまでつながる点で、学習の大きな質的転換を目指そうとしているのである。

また、アクティブ・ラーニングでは、子どもが一人で考えるだけでなく、他者と意見を交流し、問題について多様な見方や意見を出し合い、多面的・多角的に考えを広めたり深めたりすることが大事になる。それゆえ、子ども同士の対話的学びを促すために、学級全体での話し合いだけでなく、積極的にペア学習や四人一組のグループ学習を取り入れていく。こうした少人数の学習は、短い時間でも互いの意見を積極的に交流でき、主体的に考え判断し協働しながら問題解決することができる。こうした率直なグループ学習を踏まえて、学級全体での話し合いに移行することで、より豊かで深い意見交流もできるようになる。

(4) アクティブ・ラーニングの指導方法

アクティブ・ラーニングには多様な指導方法がある。前述した「論点整理」を踏まえて、アクティブ・ラーニングのポイントを三つ提示しておきたい。

まず、「習得・活用・探究という学習プロセスの中で、問題発見・解決を念頭に置いた深い学びの過程の実現」である。子どもが既存の知識や技能を習得するだけでなく、それを活用して具体的な問題を解決しようとしたり、それを契機としてより発展的で探究的な学びにつなげていったりすることが大事になる。

この際、教師が問題とその解答（解決策）を事前に用意するのではなく、子どもたち自身が問題を発見し、その解決に向けて取り組むことが大事になる。こうした指導方法は、これまでも「総合的な学習の時間」などでは強調されてきたわけだが、今後は各教科等でも積極的に適用するべきなのである。

次に、「他者との協働や外界との相互作用を通じて、自らの考えを広げ深める、対話的な学びの過程の実現」である。子どもが自分の考えや過去の経験だけに執着して閉鎖的になるのではなく、他者との多様な意見交流を通して、多面的・多角的な見地から考えを発展させていくことが重要になる。誰かの意見だけ優先するのではなく、多様な意見を交流する中で豊かなコミュニケーションをする過程自体に意義がある。

そうした中で、他者との対話によって自分一人では気付けなかったことが理解できたり、考えを深めるきっかけになったりすることが、問題の解決につながることもある。互いに練り合い、高め合いながら問題を解決する協働的な学びこそ、人間としての成長の契機となる。それゆえ、上述のペア学習やグループ学習、全体学習を目的に応じて適宜取り入れることが重要になる。

第三に、「子供たちが見通しを持って粘り強く取り組み、自らの学習活動を振り返って次につなげる、主体的な学びの過程の実現」である。学びを現在の活動にだけ終始するのではなく、その前後の学習と結びつけることも大事になる。現在の学びは、過去に学んだ知識や技能とどのように関連し、将来の学びとどのようにつながるのか、今後どのように展開すべきかを省察し、全体を俯瞰しながら取り組むことが、学習の質を高めることになる。

このようにアクティブ・ラーニングは、単に知識を覚えたり解答を見つけ出したりすること自体に目的があるのではなく、知識や技能の活用やさらなる探究をしたり、他者と協働して多面的・多角的に考えて問題解決したり、自らの学びを省察したりするところに意味がある。こうした指導方針は、当然ながら道徳科指導においても積極的に適用すべきである。

2　道徳科におけるアクティブ・ラーニングとは

(1) 道徳科におけるアクティブ・ラーニング

2020（平成32）年以降に始まる学習指導要領の全面改訂に先行して、小学校では2018（平成30）年度、中学校では2019（平成31）年度から、「特別の教科」となる道徳科が完全実施されることになる。この道徳科では、当然ながら上述したアクティブ・ラーニングを積極的に導入し、これからの時代に求められる資質・能力としての道徳性を育成するために、指導方法や評価方法の抜本的な改善・充実を図ることになる。それは、文部科学省がスローガンとして掲げるように、従来の「読む道徳」から「考え議論する道徳」への質的転換を意味している。

具体的には、従来のように登場人物の心情を読み取らせ、道徳的価値を知識内容（コンテンツ）として子どもに教え込むような授業ではなく、子どもが道徳上の諸問題を発見し、その解を自ら考え判断し、互いに議論し合う中で、現実世界でも生きて働く資質・能力（コンピテンシー）を育成する授業に質的転換することが望まれる。それを実現するために、道徳科の目標にもあるように、道徳的諸価値についての理解をもとに、自己を見つめ、物事を多面的・多角的に考え、自己の生き方や他者との関わりについても考えを深める学習を通して、道徳的判断力、道徳的心情や道徳的実践意欲と態度を育てることになるのである。

このように道徳科におけるアクティブ・ラーニングも、子どもたちが主体的に道徳上の問題を発見し、その解決策を考え判断し、協働的に話し合う議論を深めていく学習のことである。そこでは、子どもが道徳上の問題として切実に考え、

自分なりに悩み考え判断するとともに、他者と意見交流する中で、主体的に自己の生き方や価値観を創り上げていくことが大事になる。

　従来の道徳授業のように登場人物の気持ちを場面ごとに尋ねて、ねらいとする道徳的価値を子どもに理解（自覚）させることが前提になると、教師の方は道徳的価値を知識や技能として教えればよいことになり、子どもの方も受動的に常識的な道徳的価値を学び覚えるパッシブ・ラーニングになる傾向が強い。こうした道徳授業は、既にわかりきったこと（道徳的な価値やテーマ）を子どもに繰り返し言わせたり書かせたりする展開になり、日常生活にも活用されないため、学年が上がるにつれて子どもたちの受け止めが悪くなる。そこで、道徳授業でも、子ども自身が問題に取り組み、さまざまな学びや気付きを通して考えを深め発展させ、アクティブ（活動的、能動的、積極的）な学習を展開できるように改善する必要があるのである。

(2) 「読む道徳」から「考え議論する道徳科」へ

　前述した教育課程企画特別部会の論点整理では、「読む道徳」から「考え議論する道徳科」への質的転換について、以下のように説明している。

　まず、従来の「読む道徳」がわが国で普及した経緯は、「子供たちに道徳的な実践への安易な決意表明を迫るような指導を避ける余り道徳の時間を内面的資質の育成に完結させ、その結果、実際の教室における指導が読み物教材の登場人物の心情理解のみに偏り、『あなたならどのように考え、行動・実践するか』を子供たちに真正面から問うことを避けてきた嫌いがある」からである。

　こうした教師が主体となって登場人物の心情を読み取らせる「道徳の時間」から、子どもが主体となって自分ならどのように考え行動するかを議論する「道徳科」へと転換するために、先の論点整理では以下のように続けて述べている。「このような言わば『読み物道徳』から脱却し、問題解決型の学習や体験的な学習などを通じて、自分ならどのように行動・実践するかを考えさせ、自分とは異なる意見と向かい合い議論する中で、道徳的価値について多面的・多角的に学び、実践へと結び付け、更に習慣化していく指導へと転換することこそ道徳の特別教科化の大きな目的である」。

　従来の道徳授業は「道徳的実践力」の育成を目標としてきたが、実際のところは登場人物の気持ちを理解させることに偏り、内容項目に示された道徳的価値を教え込み、「内面的資質」を育成したことにするコンテンツ・ベースの授業であった。こうした道徳的価値を理解しただけの「内面的資質」では、実際に「何か

ができるようになる」という能力（コンピテンシー）を育成することができず、実効性に乏しかった。それゆえ、道徳を特別教科化することによってアクティブ・ラーニングに対応させ、実際に人生で出会う諸問題を子どもが主体的に考え判断し解決できるような資質・能力を育成し、実効性を高めることが目指されたのである。これがいわゆる「読む道徳」から「考え議論する道徳科」へと質的転換することの本義であった。

「考え議論する道徳科」にするためには、抽象的な道徳的価値に対応した「内面的資質」を育成するだけでなく、具体的な道徳的な行為や習慣にも対応した「資質・能力」も、バランスよく育成していく必要がある。道徳科でも「新しい時代に求められる資質・能力」を育成するためには、道徳性の認知的・情緒的・行動的側面を総合的に指導しうるアクティブ・ラーニング型の授業を積極的に導入することが求められたのである。

(3) アクティブ・ラーニングに対応した道徳科の指導法

アクティブ・ラーニングの指導法は多種多様であるが、2015（平成27）年に改訂された学習指導要領では、道徳科の新しい指導法として「問題解決的な学習」と「体験的な学習」を積極的に推奨している。特に、問題解決的な学習は、子どもの主体的な学びや言語活動が充実し、また、問題発見学習、プロジェクト学習、探究的な学習、調べる学習なども含まれているため、多様で効果的な展開をしやすい。

アクティブ・ラーニングの道徳授業では、まず子どもが道徳上の問題に主体的に取り組むことになる。子ども自身が意味のある「問い」を立てる必要がある。従来のように、場面ごとに「登場人物はどのような気持ちだったか」を尋ねるのではなく、「何がそこで問題になっているか」「なぜそれが問題なのか」を考えるのである。

次に、道徳的な問題が適切に設定できたら、「自分ならどのように考え行動するか」「主人公はどうしたらよいか」「人間としてどうするべきか」を熟考することになる。従来のように、登場人物の気持ちや考えを理解させ、それに関連した道徳的価値を追究させるのではなく、子どもたち一人ひとりが問題状況においてどのように行為・実践するべきかについて自由に考え、吟味を深められるようにするのである。

第三に、アクティブ・ラーニングでは子どもたちが他者と意見を交流し、道徳的な問題について多様な見方や意見を出し合い、多面的・多角的に考えを広めた

り深めたりすることが大事になる。抽象的な理想論だけでなく実行可能な現実論も織り交ぜて、複数の解（解決策）を比較検討し、人間としてよりよい生き方を協働探究するのである。

　ここでは子ども同士の対話的学びを促すために、積極的にペア学習や四人一組のグループ学習を取り入れ、学級全体での話し合いにつなげるようにしたい。特に、グループ学習は、意見を積極的に交流できるため全員参加になりやすく、主体的かつ協働的に問題解決するアクティブ・ラーニングになりやすい。こうした率直に話し合うペア学習やグループ学習を踏まえて、学級全体での話し合いに移行すると、より豊かで考えの深い意見が交流できて有意義である。

　アクティブ・ラーニングで相手の話に傾聴し、共感的に理解したり、支持したりするだけでも貴重な「道徳的体験」となる。また、異なる意見を出し合って比較したり議論したり、互いに納得し合えるかたちで合意を形成したりすることが、民主主義的な判断力や公共性を養うことにもなる。こうした学習の中で自他を尊重し、責任のある発言をし、メンバーを思いやって協力し合う活動自体が、道徳的価値を行動に移す経験となっていくのである。

　この点で詳細は、「3章　道徳科の多様で効果的な指導法」で記す。

(4) アクティブ・ラーニングに対応した道徳科の評価

　道徳科の評価は、目標に準拠して指導と一体化したかたちで行うことになる。基本的には、従来のようにコンテンツ・ベースで「道徳的諸価値の理解」について「知識・理解」の観点から評価するのではなく、コンピテンシー・ベースで「道徳的な資質・能力としての道徳性の育成」について「思考・判断・表現」の観点から肯定的に評価することが大事になる。

　そこで留意すべき点は、「子どもの道徳性にかかる成長を促す評価」と「道徳授業の改善に資する評価」を区別することである。さらに、前者の「子どもの道徳性にかかる成長を促す評価」は、授業における「子どもの学習過程を見取る形成的評価」と「長期的な成長の軌跡を見取る総括的評価」に分けて多面的かつ総合的に行うべきである。

　まず、アクティブ・ラーニングに対応した道徳授業の評価は、道徳科の目標に準拠する必要がある。道徳科の目標では、「道徳的諸価値についての理解」をもとにして、「多面的・多角的に考え」、「自己の（人間としての）生き方」について考えを深める学習を行い、「道徳的な判断力、心情、実践意欲、態度」を資質・能力として育てることになる。

ここで評価の対象となる「資質・能力」の観点には三つある。第一に、「何を知っているか」という知識理解や「何ができるか」という技能の習得という観点である。第二に、「知っていること・できることをどう使うか」という思考力・判断力・表現力の観点である。第三に、「どのように社会・世界と関わり、よりよい人生を送るか」という実践意欲や態度や人間性の観点である。そこで、道徳科の評価をする場合は、単なる知識・理解の観点を越えて、思考力・判断力・表現力の観点、あるいは実践意欲や態度の観点から行うことが求められる。道徳科でも、従来のように「道徳的価値の自覚を深める」だけでなく、そうした道徳的諸価値をもとにして、それらを「どう使うか」「どのように社会・世界と関わり、よりよい人生を送るか」まで考え議論することが評価の対象となる。

　また、アクティブ・ラーニングでは、今後ますますグローバル化し情報化する知識基盤社会において求められる資質・能力を養うことも目指されている。この場合、従来の知識・技能を習得するだけでは足りないため、「答えのない問題に最善解を導ける能力」「分野横断的な幅広い知識と俯瞰力」「別の問題場面にも適用できる汎用力」を育成する必要がある。こうした問題解決能力や俯瞰力、汎用力の観点から評価することもできる。

　次に、アクティブ・ラーニングに対応した道徳授業の評価は、指導と一体化を図ることが求められる。そもそもアクティブ・ラーニングでは、①習得・活用・探究という学習過程の中で問題発見・解決を念頭に置いた「深い学び」、②他者との協働や外界との相互作用を通じて考えを広げる「対話的な学び」、③子どもたちが見通しをもって取り組み、学習活動を振り返り、次につなげる「主体的な学び」が大事になる。こうした「深い学び」「対話的な学び」「主体的な学び」の３点に対応できていることに注目して、道徳科の授業を評価することになる。

　アクティブ・ラーニングに最も適した問題解決的な学習を取り入れた道徳授業では、子どもが教材を用いて道徳上の問題を発見し、主体的に考え、協働的に議論し、問題を解決する学習過程について「思考・判断・表現」の観点から評価することになる。子どもが教材で道徳上の問題を発見して、それをパフォーマンス課題として設定し、主体的に考え協働的に議論することで、その学習過程をパフォーマンス評価することができる。

　ここでパフォーマンス課題となる「本質的な問い」としては、以下の三つがある。第一に、道徳的諸価値の理解がどれほど深まったかを「知識・理解」の観点から考える。例えば、「自由とは何か」「本当の自由とは何か」などを考え、授業で「自由」という道徳的価値の認識がどれほど深まったかを評価する。第二に、

道徳上の問題がなぜ生じたかを「思考・判断・表現」の観点から考える。例えば、「なぜ二人は対立しているのか」「なぜいじめが起こるのか」などを追求することで、問題の生じた根本原因や理由をどれほど把握したかを評価する。第三に、道徳上の問題をどうすれば解決できるかを、「思考・判断・表現」の観点から考える。例えば、「どうすれば正義を実現できるか」「どうすればよりよい人間関係を築けるか」などを考え議論した過程を評価する。

　ここで道徳上の問題を解決するために、子どもが情報や文脈を理解し、既存の知識や経験に結びつけ、知識や技能を活用・汎用している点を評価することもできる。また、教材の問題を自分の過去の経験と重ね合わせて内省しているところを評価する。また、将来実践しようとする意欲や態度を示しているところを「関心・意欲・態度」の観点から評価することもできる。こうした実践意欲は、授業中の形成的評価だけでなく、後の道徳的実践や習慣を行った経験と結びつけ、総括的評価を行うことも肝要になる。

　以上についての詳細は、4章「道徳科の多面的な評価法」に記す。

3　資質・能力としての道徳性

(1) 道徳性と「生きる力」

　新しい学習指導要領では、第2章で詳述するように、道徳教育の目標も道徳科の目標も、同じく「道徳性の育成」となった。そこで、道徳教育と道徳科において育成すべき「道徳性」の概念をここで検討しておこう。

　従来では道徳性は、さまざまな道徳的価値を束ねたような内面的資質としてとらえる傾向が強かった。例えば、2008（平成20）年の『学習指導要領解説　道徳編』では、道徳性を「人間らしいよさ」や「道徳的諸価値が一人一人の内面において統合されたもの」と説明している。しかし、「人間らしいよさ」という抽象的な内面的資質を養うだけでは道徳的な行動や習慣につながらない。また、「思いやり」や「正義」という観念的な道徳的価値をただ頭でたくさん覚えるだけでは、日常生活で活用・応用することはできないだろう。

　そもそも道徳性とは、人間としての正しい生き方や道徳的諸価値を知識として理解するだけでなく、それをもとにして主体的に考え判断することができるようになり、実際の人生の諸問題を適切に解決していくことができるような資質・能力である。こうした「生きて働く資質・能力としての道徳性」は、自立した人間として他者とともに実際の道徳的な問題状況について考え、判断し、行動するよ

うな経験を繰り返し省察を深めることで育成されるのである。

次に、この道徳性と「生きる力」の概念を関連づけて考えたい。2008（平成20）年の『学習指導要領解説 道徳編』によると、道徳教育では「生きる力」の構成要素の中の情緒的側面である「豊かな人間性」だけが強調され、認知的側面である「確かな学力（＝問題を解決する能力）」や行動的側面である「健やかな体力」には関連づけられていなかった。これは形式的に知・徳・体と分け、各教科等で「確かな学力」や「問題解決能力」を養い、道徳教育で「豊かな人間性」を養い、体育で「健康や体力」を養えばよいという短絡的な発想に基づいている。しかし、こうした情緒的側面にある「豊かな人間性」にだけ関連づけられた道徳性では、人生の諸問題を解決する確かな資質・能力にはならない。

そこで、2015（平成27）年に改訂された学習指導要領の総則では、道徳性の概念を、「豊かな人間性」だけでなく「確かな学力」や「健康や体力」の基盤ともなるものであり、「生きる力」全体を育むために重要であると定義し直したのである。そのうえで、道徳性を「人生で出会う様々な問題を解決して、よりよく生きていくための基盤となるもの」と具体的に定義している。このように道徳性は、道徳上の諸問題を解決できる資質・能力として改めて明示されたのである。

(2) コンピテンシーと道徳性

新しい「道徳性」の概念は、21世紀を生きる子どもたちに必要不可欠な資質・能力である。その意味で、この道徳性はOECD（経済協力開発機構）のいうキー・コンピテンシー（主要能力）の概念や、国立教育政策研究所のいう「21世紀型能力」の概念とも深く関連している。両者の共通点を確認しておこう。

まず、キー・コンピテンシーとは、OECDのDeSeCo（デセコ）プロジェクトで2005年に打ち出された概念で、「人生の成功と正常に機能する社会の実現を高いレベルで達成する個人の特性」であり、「価値ある個人的・社会的成果をもたらす能力」である。それは知識基盤社会時代において特定の文脈で複雑な課題に対応できる能力でもある。より詳しく言えば、①社会・文化的、技術的ツールを相互作用的に活用する力、②多様な社会グループにおける人間関係形成能力、③自立的に行動する能力に分けられる。

これからグローバル化や情報化のますますの進展によって社会が激動する中において、従来の知識や技能を習得するだけでなく、社会性や人間関係形成力、コミュニケーション力、自律的な活動力などを含むキー・コンピテンシーが求められるのは必然である。このキー・コンピテンシーは、自律、協力、尊重、責任な

どの道徳的諸価値を含み、道徳上の諸問題を解決するうえでも役立つ点では、道徳性と共通するところが多い。

こうしたコンピテンシーの育成を目指す動向は、OECDのみならず、EU、ドイツ、フィンランド、ニュージーランドにも共通して見られる。コンピテンシーと類似した概念としては、アメリカを中心とした「21世紀型スキル」、イギリスの「キースキル」と「思考スキル」、フランスの「共通基礎知識・コンピテンシー」、オーストラリアの「汎用的能力」、韓国の「核心力量」などもある。わが国でも、これまで「人間力」「汎用的能力」「社会人基礎力」などが提唱され、基礎的な知識や技能の習得だけでなく、より汎用性のある資質・能力の育成が求められてきた。これらの諸概念には、自分自身に関すること（自己意識、自己理解、自己管理、自律性、責任など）、人との関わりに関すること（人間関係形成力、コミュニケーション力など）、社会や集団に関すること（社会的・市民的能力、リーダーシップ、公共の精神、協調性など）を含む点で、道徳性と共通するところが多分にある。

これからの道徳科の授業は、従来のように単なる道徳的価値を教えて観念的な「内面的資質」を養うのではなく、よりよく生きるための確かな基盤となる「資質・能力」＝コンピテンシーを道徳性として育成していくべきなのである。

(3) コンピテンシーを育成する学習

上述したOECDのキー・コンピテンシーのような学力を評価する国際的な学習到達度調査として、PISA（Programme for International Student Assessment）がある。PISAでは、問題を論理的かつ多角的に考察し、さまざまな解決策を構想して吟味するような問いかけをする。

例えば、2000年のPISAの読解力問題は、道徳教育の問題としてもとらえられる。問題では、まず「落書き」に関する二つの手紙が提示される。ヘルガの手紙では、学校の壁に落書きをすることは迷惑であり、社会的損失であると非難している。それに対して、ソフィアの手紙では、落書きも芸術の一種であり、それを快・不快に思うのは価値観の違いにすぎないと弁護している。この二つの手紙を読んだ後に、「あなたはこの2通の手紙のどちらに賛成しますか」「どちらの手紙がよい手紙だと思いますか」などと問われる。こうした問題では、子どもが主体的に問題状況の本質を見抜き、さまざまな課題を解決するための構想を論理的かつ多角的に考察し、自らの意見を表明することが求められる。

この問題に対して、日本の子どもたちはあまり答えられないか、白紙のまま提

出することが非常に多かったという。日本の子どもたちにとっては、この種の道徳的・倫理的な問題に対してそもそも何をどう答えてよいかわからなかったのである。もしこの資料で従来のわが国の道徳授業のように、「ヘルガさんはこの時どんな気持ちだったでしょう」などと登場人物の心情を尋ねれば、日本の子どもたちも資料にある文言を引用しながら模範解答を書けたり話したりできたのかもしれない。しかし、PISAのテストのように、二つの手紙を比較検討したうえで、その問題を多面的・多角的に考えて解決するよう求める問い方をされると、途端に対応できなくなってしまったのである。

こうしたPISAのテストだけでなく、わが国の全国学力調査でも小中学生の読解力や問題解決能力の低迷が問題視されてきている。そこで、2008（平成20）年度の学習指導要領でも単に知識を「習得」するだけでなく、それを「活用」したり「探究」したりすることが重要であることを強調している。これは各教科の学習だけでなく道徳教育でも同様であり、道徳的価値を共感的に理解（習得）するだけでなく、それを日常生活で「活用」したり「探究」を深めたりすることが重要になる。

こうした点も踏まえて、新しい道徳科では、単なる知識や技能の覚え込みや主人公の心情を読み取るレベルを脱却して、子どもが主体的に考え議論し、知識や技能を問題解決に活用し、さらなる探究や発展を目指すレベルへと質的に転換することが求められたのである。

(4) 21世紀型能力と道徳性

「21世紀型能力」とは、2013（平成25）年に国立教育政策研究所が「教育課程の編成に関する基礎的研究」の報告書で提示した概念であり、「生きる力」としての知・徳・体を構成する資質・能力から、教科・領域横断的に学習することが求められている資質・能力を抽出したものである。前述したキー・コンピテンシーなどからの影響を受けながら、これまでの日本の学校教育が培ってきた資質・能力を踏まえつつ、それらを「基礎」「思考」「実践」の観点から再構成した「日本型の資質・能力」ということができる。

21世紀型能力の中核には、①「思考力」があり、②それを内側から支える「基礎力」があり、③その使い方を外側から方向づける「実践力」がある。まず、①「思考力」とは、「一人ひとりが自ら学び判断し自分の考えを持って、他者と話し合い、考えを比較吟味して統合し、よりよい解や新しい知識を創り出し、さらに次の問いを見つける力」である。次に、②「基礎力」とは、「言語、数、情報

(ICT）を目的に応じて道具として使いこなすスキル」である。そして、③「実践力」とは、「日常生活や社会、環境の中に問題を見つけ出し、自分の知識を総動員して、自分やコミュニティ、社会にとって価値のある解を導くことができる力、さらに解を社会に発信し協調的に吟味することを通して他者や社会の重要性を感得できる力」のことである。

こうした「21世紀型能力」は、「21世紀を生き抜く力を持った市民」として必要な資質・能力であり、具体的には思考力（問題解決・発見力・創造力、論理的・批判的思考力、メタ認知・適応的学習力）や実践力（自律的活動力、人間関係形成力、社会参画力、持続可能な未来づくりへの責任）などを含んだ資質・能力である。それゆえ、21世紀型能力もまた「生きて働く道徳性」と深く関連していることは確かである。

上述したキー・コンピテンシーや21世紀型能力と共通する「道徳性」の概念とは、従来のように道徳的価値をただ頭で理解するだけでなく、人生の諸問題を主体的に考え適切に判断し、それらを日常生活でも活用・応用することができる資質・能力である。こうした「資質・能力としての道徳性」を育成するためには、単に道徳的諸価値について理解する力をつけるだけでなく、自己を見つめ内省するメタ認知力、物事を多面的・多角的・論理的・批判的・創造的に思考する力、自己の生き方や人間としての生き方について判断する力、望ましい人間関係を形成する力、よりよい社会を協働して築き上げる力をアクティブ・ラーニング型の道徳授業で養うことが求められてきたのである。

(5) 教科としての道徳授業

道徳授業が正式な教科としてアクティブ・ラーニングを取り入れるためには、目標に準拠した指導内容や指導方法を確立する必要がある。

まず、アクティブ・ラーニングを取り入れた道徳科となるからには、単に「何を知っているか」という内面的資質ではなく、「何ができるか」という能力を重視し、「資質・能力としての道徳性」を育成する必要がある。そこでは、従来のように登場人物の気持ちを理解させながら道徳的価値を教え込み、観念的に内面的資質を養ったことにするのではなく、子どもが主体的に道徳的な問題を判断し実践できるような「資質・能力」を実際に育成することが大事になる。

次に、「何を学ぶのか」という内容項目を改良することが求められる。そこでは、従来のように内面的資質としての道徳性に対応させた抽象的な「方向目標」をあいまいに示すのではなく、より具体的に「資質・能力としての道徳性」に対

応した「行動目標」を明確に設定することが重要になってくる。そのためには、授業のねらいとする道徳的価値を無理に一つに絞って強引に結論づけるのではなく、複数の諸価値で構成された「道徳的価値観」を個々人が形成できるようにすべきである。固定的な徳目主義にしばられることなく、子どもの個性や特性に応じた道徳的価値観を柔軟に創り上げる授業を目指すべきである。

第三に、こうした目標や内容項目に合わせて道徳科で「どのように学ぶのか」という指導方法が大事になる。これまでの道徳授業のように、登場人物の気持ちや考えを共感的に理解させる、画一的で受動的な「読み取る道徳」から脱却し、各教科等に先駆けてアクティブ・ラーニングを取り入れて、「考え議論する道徳」に質的に転換することが求められるのである。

こうした小・中学校の道徳科は、高校における新教科「公共」とも順接する。教科「公共」は、教科等で習得した知識や技能を活用して、公共的な自己を形成していくことになる。この教科の目標は、①人間としてのあり方・生き方について考える力、②問題を解決する力（判断して行動する力）、③コミュニケーション能力（他者との関係性をつくる力）を育成することである。

道徳科が公共的・社会的な諸問題も含めて解決する資質・能力を養うことができれば、高校の公共科や大学の哲学・倫理学・社会学などともつながるようになり、選挙権年齢が18歳以上になる事態にも対応できるようになるだろう。

4 「道徳の時間」から「道徳科」へ

(1) 道徳教科化の経緯

道徳科の授業のあり方を理解するために、道徳が「特別の教科」になった経緯を確認しておこう。

今回の道徳教科化の流れは、2013（平成25）年2月の教育再生実行会議の第一次提言から始まり、同年12月の道徳教育の充実に関する懇談会の報告、翌2014（平成26）年10月の中央教育審議会道徳教育部会の答申を経て、2015（平成27）年3月の学習指導要領改訂および同年7月の学習指導要領解説書の改訂に至っている。道徳科の指導法と評価法に関しては、2016（平成28）年3月の「道徳教育に係る評価等の在り方に関する専門家会議」の報告書や教師用指導資料で具体的に示されることになる。

道徳教科化の端緒となったのは、教育再生実行会議の提言にある「いじめの問題等への対応」であった。2011（平成23）年に滋賀県大津市の中学校（2009年か

ら2010年まで道徳教育実践研究事業の推進校)で当時2年生の男子生徒がいじめで自殺したことをうけて、従来の道徳教育では実際の子どもたちの問題行動には十分な対応ができないとの問題意識から、道徳授業の抜本的な改革が求められたのである。

また、それ以前から子どもたちの一般的な性格・行動傾向として、基本的な生活習慣の乱れ、規範意識の低下、自尊感情の低下、人間関係の希薄さを改善することも求められてきた。ネット・トラブルのような問題に対処するための情報モラル、生・老・病・死などの問題に関わる生命倫理、持続可能な社会をつくるための環境倫理といった今日的課題に対応することも望まれている。さらに、法教育、シティズンシップ教育、健康・安全・災害教育、食育なども道徳教育と関連づけて学校教育に導入することが検討されている。

こうした子どもを取り巻く現実的な問題に対応するために、「新たな枠組み」によって道徳を教科化することが求められたのである。こうした道徳教科化は国民的な要望でもあった。例えば、2013(平成25)年3月に読売新聞が全国の有権者1,472人を対象に「道徳の教科化」について調査したところ、賛成が84%もあった。その理由としては、「他人を思いやる心が育つ」「社会規範が身につく」「いじめ防止につながる」などがあげられている。

グローバル化や情報化(知識基盤化)が急速に進展して、価値観が多様化していく時代だからこそ、子どもが安心・安全な教育環境でよりよく生きるための基礎となる道徳性をアクティブ・ラーニングで育てることは、社会的・時代的な要請を伴う喫緊の課題となったのである。

(2) 従来の道徳授業の課題

子どもを取り巻く深刻な問題や今日的課題を見据えて、前述の教育再生実行会議、道徳教育の充実に関する懇談会、中央教育審議会では、「従来の道徳授業が十分に機能していない」「道徳授業が形骸化している」「読み物の登場人物の心情理解に偏った形式的な指導が多い」「望ましいと思われるわかりきったことを言わせたり書かせたりする」「道徳授業は実効性が低い」という課題が繰り返し提起されてきた。

ただ、これは今に始まったことではない。例えば、有名な「道徳授業についてのアンケート調査」(金井肇ほか、1995年)を見ると、道徳授業が「楽しい」と答えるのが、小学校低学年では55.2%と高いが、中学年では36.5%、高学年では18.9%、中学校1年生では15.7%、2年生では6.0%、3年生では5.2%と下がっていく。

このように道徳は、各教科等と比べて、小学校低学年では人気が高いものの、中学年から急低下していき、高学年から中学校にかけては最も人気がなくなることは定説となってきた。

同調査によると、「道徳授業を楽しくないと感じる理由」としては、小学生では1位が「いつも同じような授業だから」（42.1％）、2位が「こうすることがよいことだとか、こうしなければいけないということが多いから」（30.7％）、3位が「資料や話がつまらないから」（28.7％）である。中学校でもほぼ同じ傾向にある。中学2年生を例にとると、1位が「いつも同じような授業だから」（54.4％）、2位が「資料や話がつまらないから」（32.1％）、3位が「こうすることがよいことだとか、こうしなければいけないということが多いから」（26.3％）である。

筆者が例年、いくつかの大学で学生や大学院生を対象にアンケート調査をした場合でも、ほぼ同様の傾向が得られる。道徳授業が「楽しかった」「ためになった」と肯定的に答える大学生は、教育学部や教職課程の学生だと30％弱、共通教育科目を受講する他学部や教職以外の学生だと10％以下になる。その理由を尋ねる自由記述欄を見ると、以下のような意見が多くあげられる。「道徳授業はいつも同じパターンでつまらなかった」「道徳では誰でもわかる簡単なことを話し合わせられた」「最後は教師の道徳的価値を押しつけてくる」「現実では使えない考え方や生き方を教えている」などが並ぶ。

以上から従来の道徳授業において課題になるのは、①画一的でマンネリ化した指導法である点、②わかりきった内容を押しつける点、③実効性のない点の三つに絞ることができるだろう。

(3) 多様で効果的な道徳科の授業を求めて

従来の道徳授業の課題とされる、画一性、内容の押しつけ、実効性のなさについて、以下に検討してみたい。第一に、画一的でマンネリ化した指導法とは、「読み物の登場人物の心情理解に偏った指導」である。わが国の道徳授業は、国語科の物語文を読み取る指導法にならって、場面ごとに「この時、主人公はどんな気持ちだったか」「なぜそんな気持ちになったか」を繰り返し尋ねるパターンが多い。ここでは子どもたちが道徳上の問題を主体的に考える余地はなく、登場人物の気持ちを共感的に理解し、ねらいとする道徳的価値を自覚しなければならない。しかし、子どもたちが登場人物の気持ちに共感できない場合、道徳的価値を受け入れることは難しくなる。こうした心情主義の道徳授業を克服する必要が

ある。

　第二に、道徳授業ではわかりきったことを言わせたり書かせたりする点である。例えば、幼少の子どもでも「親切」や「正義」が大事であることはわかっている。小学校も中学年以上になると、たいていの道徳的価値は一通り学んでいるため、系統性や発展性が乏しくなる。道徳の読み物は1時間で1教材を取り扱うため、一度読めばすぐ理解できる平易な内容が書いてあることが多い。そうすると、授業でねらいとする道徳的価値を子どもたちに見透かされてしまう。こうした徳目主義の道徳授業を克服する必要がある。

　第三に、道徳授業に実効性がない点である。「毎週きちんと道徳授業を行ってはいるけれども効果がない」「道徳的な行為や習慣にはつながらない」という教師の嘆きはよく聞く。例えば、「思いやり」や「友情」について道徳授業をした後、すぐ喧嘩やいじめが生じることもある。そうした言行不一致の現象が、道徳授業には実効性がないという批判の根拠になる。

　道徳授業では読者（傍観者）の立場から主人公の心情を語ることはできるが、そうした考えを実際の自分の行為や習慣に結びつけようとしない傾向が強かった。こうした言行が不一致の状態では「徳がある」とは言えず、日常生活で生きて働く道徳性につながらないのは当然である。

　ただし、従来までは「道徳授業は漢方薬のようなもの」で即効性を求める必要はなく、「十年後、二十年後に効果が出ればよい」とされてきた。しかし、先のいじめ自殺事件や現実的な問題行動が起きてくると、あまり悠長なことばかり言っていられなくなる。道徳授業には西洋医学の新薬のように即効性が期待できるものもあれば、予防薬や滋養強壮薬のように実効性のあるものもある。子どもたちを取り巻く諸問題の解決に役立つような授業を目指すのであれば、その状況に応じて最適な指導法を取り上げる必要がある。

(4)「道徳的実践力の育成」から「道徳性の育成」へ

　これまでは、道徳教育全体の目標が道徳性（道徳的心情、道徳的判断力、道徳的実践意欲・態度、道徳的行為、道徳的習慣）を育成することで、道徳授業の目標は道徳的実践力（道徳的心情、道徳的判断力、道徳的実践意欲・態度）を育成することであるという、独特の区別があった。

　そのため、道徳授業の中では道徳的行為や道徳的習慣に関する指導をしてはならず、道徳教育全体（特に特別活動や生徒指導）において道徳的行為や習慣を指導するべきであるとされた。こうした経緯から、学校教育の中で道徳授業だけは、

道徳的行為や習慣を指導できないエア・ポケット（空洞）となり、実効性を失って機能不全に陥る原因ともなった。これを教科でたとえれば、学校教育全体で行う国語教育の目標と国語科の授業の目標が異なっているようなもので、実効性がなくなるのは当然である。

　そこで、新設された道徳科の目標では、学校教育全体を通して行う道徳教育の目標と同様に、「道徳性の育成」とすることが明示された。こうすることで、道徳授業でも道徳的行為や道徳的習慣に関する指導をすることが原理的に可能になった。また、道徳授業で行為や習慣について指導をすることができるので、各教科や領域で道徳的実践をすることができ、学校教育全体で行う道徳教育との連携・協力が高まったのである。

(5) 諸外国との比較

　先の「中央教育審議会　道徳教育専門部会」や「道徳教育に係る評価等の在り方に関する専門家会議」などでは、アメリカ、イギリス、フランス、ドイツ、シンガポール、オーストラリア、中国、韓国など諸外国の道徳授業を比較検討している。

　例えば、アメリカで1990年代から広く普及している人格教育（キャラクター・エデュケーション）は、道徳的諸価値について知的な理解を促し、道徳的行為を動機づけ、実際の道徳的行為を習慣化することで、認知的・情緒的・行動的側面から包括的に人格を形成する。実際の授業でも、中核的価値（コア・バリュー）に関する道徳的な物語や対人関係に関わる問題を提示して、その生き方や解決策を考え議論し、実際に道徳的実践や習慣につながるように指導している。

　こうした人格教育（人性教育）を1997年の第7次教育課程改訂から全面的に取り入れた韓国の道徳科でも、道徳的価値の理解を踏まえ、道徳的判断力や道徳的心情や道徳的行動力を取り入れている。例えば、ソウル教育大学附属初等学校では、「自律」に関わる問題を提示し、どうすれば自律的な行動を獲得できるか考え議論する。情報モラルや生命倫理など今日的問題の解決も積極的に取り上げている。

　フランスでも2015年から「道徳・公民」が教科化され、道徳授業に力を入れている。例えば、ボワロー小学校では道徳的物語「ロバ売りの親子」を提示して、「何が問題であるか」を把握した後に、「どうすれば解決できるか」を話し合い、その物語から教訓を導き出すような授業展開をしている。シャルルマーニュ中学校では、社会的問題（例えば格差社会や持続可能な社会の問題）を取り上げ、そ

の原因や課題を多角的に分析して、よりよい社会にするためにどうすればよいかを具体的に考えている。

　イギリスでは、道徳教育に対応するPSHE教育やシティズンシップ教育がある。PSHE教育は、「健康と安定」「人間関係」「より広い世界に生きる」を中核的テーマとして、基礎的スキル（個人内スキル、個人間スキル、探究のためのスキル）を発達させようとしている。シティズンシップ教育では多元化した社会において社会を統合する価値形成として、「社会的・道徳的責任」「共同体への関与」「政治的リテラシー」「アイデンティティと多様性」などをテーマに考え議論し、コミュニケーション力や社会参加のスキルを学ぶことになる。

　こうした道徳教育の先進諸国の諸事例を見ると、わが国のように登場人物の心情を理解させ道徳的価値を教え込むような指導をしているところは皆無である。先進諸国の多くは、アクティブ・ラーニングのような指導方法を積極的に取り入れ、これからの社会を生きていくうえで求められる資質・能力（コンピテンシー）を育成しようとしている。世界規模でこうした道徳教育の改革は進んでおり、どこの国々でも子どもが道徳上の問題を主体的に考え話し合う授業や、実際の行為・行動につながる効果的な指導を取り入れている。

　わが国でもこうした世界的な動向を踏まえて、文部科学省が2002（平成14）年に『心のノート』を作成・刊行し、それを改訂して2014（平成26）年には『私たちの道徳』を作成・刊行している。ここでは多様で効果的な指導方法として問題解決的な学習や体験的な学習を多分に取り入れている点では画期的である。ただし、この『心のノート』や『私たちの道徳』は学校教育の教育活動全体を通して活用するという名目があったため、特別活動をはじめ各教科等で活用されることになり、肝心の道徳授業では十分に活用されないという弊害が生じた。

　そこで道徳教科化を契機として、国内外の歴史や状況を踏まえて、わが国でもそろそろ本気でアクティブ・ラーニングに対応した道徳授業へ質的転換を図るべきだという気運が生じてきたのである。

2章 道徳の目標と指導法のあり方

　アクティブ・ラーニングに対応した道徳授業に改善するためには、目標に準拠した指導法を確立する必要がある。本章では、まず道徳教育の目標および道徳科の目標を確認し、次に育成すべき資質・能力を明確にしたうえで、それに対応した指導法のあり方を検討することにしたい。

1　道徳教育の目標

　そもそも教育の目的は、子どもの認知的側面と情緒的側面と行動的側面をバランスよく育成し、よりよい人格を形成することである。この点を教育基本法に関連づけると、教育の目的は「人格の完成」（第1条）であり、「教育の目標」は「幅広い知識と教養を身に付け、真理を求める態度を養い、豊かな情操と道徳心を培うとともに、健やかな身体を養うこと」（第2条第1項）である。ここでの「教育の目標」も、認知的側面と情緒的側面と行動的側面に分けられている。

　ただし、この条項に出てくる「道徳心」とは、「道徳的心情」に限定されており、「道徳性」の一部でしかないことに留意する必要がある。人格の形成や道徳性の育成には、このほかにも認知的側面に含まれる道徳的思考力や道徳的判断力や、行動的側面に含まれる道徳的行動力や道徳的習慣も育成する必要がある。

　新しい学習指導要領では、道徳教育の目標を次のように示している。「自己の生き方（人間としての生き方）を考え、主体的な判断のもとに行動し、自立した人間として他者とともによりよく生きるための基盤となる道徳性を養うこと」（括弧内は中学校）。

　ここでいう道徳性は、1章でも検討したように、人間としての生き方や道徳的諸価値を理解するだけでなく、それをもとにして主体的に考え判断し、実際の人生の諸問題を適切に解決していくことができるような資質・能力でもある。こうした道徳性は、「自立した人間として他者とともによりよく生きる」ための問題に向き合い、考え、判断し、行動するような学習を積み重ねることで育成される。

　こうした道徳性には、認知的側面（道徳的理解力、道徳的思考力、道徳的判断

力)、情意的側面(道徳的心情、道徳的実践意欲、道徳的態度)、行動的側面(道徳的行動力、道徳的習慣)があることを、ここでは再認識しておきたい。

2 道徳科の目標

　上述した道徳教育の目標を踏まえて、道徳科の目標が設定されている。新しい学習指導要領では、道徳科の目標の中に指導内容、指導方法、そして資質・能力を明示している。2015(平成27)年に告示された小学校の学習指導要領では、「特別の教科　道徳」の目標を以下のように提示している。

　「よりよく生きるための基盤となる道徳性を養うため、道徳的諸価値についての理解をもとに、自己を見つめ、物事を多面的・多角的に考え、自己の生き方についての考えを深める学習を通して、道徳的な判断力、心情、実践意欲と態度を育てる」。

　道徳科でも、教科としての構造を意識して、「……という学習内容をもとに、……という学習(方法)を通して、……という資質・能力を育てる」というかたちに整えたことになる。道徳科の特徴は、「道徳的諸価値についての理解」が学習内容であり、「物事を多面的・多角的に考え」ることが学習方法であり、「道徳的な判断力、心情、実践意欲と態度」が育成すべき資質・能力であることを示している。

　ここでいう「道徳的諸価値についての理解」とは、人間がよりよく生きるために示されてきた道徳的諸価値(＝価値観)を含む内容について基本的な認識を深めることである。これがもとになって、それぞれの人生において出会うであろうさまざまな問題に対して、道徳的諸価値をどのように活用・応用できるかを構想することにもつながるのである。

　ここで留意したいのは、一つの道徳授業のねらいを一つの道徳的価値の理解に拘束しないことである。従来の道徳授業の目標では、「道徳的価値の自覚を深める」ことが最後に示されていたため、あたかも道徳的価値を理解すること自体が授業のねらいであるかのように考えられてきた。そうした徳目主義に拘束されていると、実際の道徳上の諸問題を解決する能力を育むことができなくなる。むしろ、複数の道徳的諸価値(＝価値観)を含んだ生き方を踏まえ、道徳上の問題を柔軟に考え議論することが、これからの道徳授業では大事になる。

　また、「物事を広い視野から多面的・多角的に考える」とは、物事を自己中心的な立場から狭い視野で考えるのではなく、他の人々の観点を取り入れながら広

く社会的な視野で考え想像することである。そこで大事になるのは、道徳上の動機だけでなく、現実的な結果にも配慮することである。さまざまな他者の立場になって考えたり、自分の言動が及ぼす影響を考えたりしながら、自己の生き方や人間としてのあり方を多面的・多角的に考え議論することが重要になる。

3 育成すべき道徳性の諸様相

　2015（平成27）年度の学習指導要領では、道徳科の目標として文末に「育成すべき資質・能力」となる道徳性の諸様相が示されている。ここでは「道徳的な判断力」が筆頭に置かれ、次に「道徳的な心情」「道徳的な実践意欲と態度」が置かれている。従来の道徳授業の目標では、道徳的心情が筆頭にあり、登場人物の心情を理解することで道徳的価値を自覚させようとしてきた。これからの道徳科では、この道徳性の諸様相をどう育成すべきだろうか。

　まず、道徳的判断力は、子どもがさまざまな問題状況においてどのように対処することが望ましいかを考え、主体的に判断する経験を積み重ねることで育成されていく。こうした道徳的判断をする際には、道徳的原理・原則に関わる基礎知識や教訓や自分の経験も参考にして考えを深めながら、適切な判断ができるようになるよう配慮することが大事になる。それゆえ、問題場面において「登場人物は何をどのようにすべきか」「自分なら何をどのようにすべきか（何ができるか）」「人間としてどう生きるべきか」を問いかけて、子ども自身が主体的に道徳的判断をする機会を提供することがより重要になる。単なる抽象的な理想論ではなく、行動方針や具体的な行動の仕方までいろいろ考え判断することができれば、より実践的になり、実際の道徳的行為や習慣にもつながっていく。

　次に、道徳的心情は、子どもがさまざまな問題状況に取り組み、他者の立場になって考え、他者の気持ちを共感することで育成されていく。自分の考えだけでなく、「このような問題状況にいる相手の立場なら、どのように感じるだろうか」「このようなこと（解決策）をされたら、どのような結果（気持ち）になるだろうか」など、相手の心情を思いやることが有効になる。このように多面的・多角的に関係者の心情を理解する中で、正しさや善良さに快さを感じ、不正や邪悪なことに不快を感じるようになる。

　第三に、道徳的実践意欲と態度は、子どもが道徳的問題を解決し、望ましいとされる行為や習慣を主体的に行おうとすることで育成される。上述した道徳的判断力と道徳的心情に支えられて、現実生活の行動や習慣につなげようとするとこ

ろに道徳的実践意欲が生じ、実際の道徳的態度としても現れてくる。そのためには、授業の展開後段や終末で「これからどのように生きていきたいか」など将来の行為や習慣に結びつけて考えることが有効になる。

　このように道徳的な判断力、心情、実践意欲・態度が育成されることで、道徳的な行為や習慣として現れ、人格を適切に形成していくことができるのである。

4　目標と指導法の関係

　道徳が教科となるためには、目標と指導を一体化していくことが求められる。そのためには、上述した道徳科の目標や道徳性の諸様相を踏まえて、子どもの道徳性の認知的側面・情緒的側面・行動的側面をバランスよく指導しなければならない。

　具体的には、道徳性の認知的側面を養うのであれば、道徳上の問題に向き合って「何が問題か」「何をすればよいか」「なぜそうするべきか」を追求する。道徳性の情緒的側面を養うのであれば、「相手はどのように感じているか」「どのような思いになるか」を考える。道徳性の行動的側面を養うのであれば、「どのように行為・実践すればよいか」「どう習慣化するか」を考えたりすることが大事になる。このように子ども自身が問題状況に取り組み、「何が問題か」「何をすべきか」「どのようにすべきか」「なぜそうすべきか」などを多面的・多角的に考えるべきなのである。問題解決を広く深く考えるためには、「相手の立場から考えるとどうか」「その結果どうなるか」「誰もが同じようにしたらどうなるか」「それで自他が幸せになれるか」などを問いかけることも有効である。

　そもそも道徳性の発達には、いくつかのプロセスがある。まず、道徳的価値や人間としての生き方について理解し、思考を深め、判断できるようにする力を養う。そのためには、「何をするべきか（What）」「なぜそれをするべきか（Why）」を考え判断する学習が役立つ。次に、具体的にどのように行為や実践をすべきかを考える必要がある。その際、理想論で「こうすべきだ」と決めつけるだけでなく、現実的に「どうやればよいか」を考える学習が有用である。具体的には、「どのように行為・実践するのか（How）」を考えるのである。さらに、道徳的行為をしようとする意欲や態度を養う必要がある。具体的には、「それを実行したい」「そうしよう」と考え行動する意欲をもてるようにするのである。これが実際に行動に移され、それが習慣化することで人格も形成されていく。

　このように子どもの道徳性の認知的・情緒的・行動的側面をバランスよく育成

し、「何が問題か」「何をするべきか」「なぜするのか」「どのようにするか」を考え、「実行したい」「実践しよう」と意欲し、実際に行為や習慣につなげることが重要になる。もちろん、実際の行為や習慣化は授業後になることもある。道徳について思考し、行動し、その結果を振り返って修正したり、繰り返し行為して習慣化したりすることで、人格が徐々に形成されていくのである。こうして実践的に養われた道徳性は、当然ながら日常生活でも生きて働くため、よりよく生きる力の礎ともなるのである。

3章 道徳科の多様で効果的な指導法

1 指導の基本的方針

　アクティブ・ラーニングに対応した多様で効果的な道徳授業をするためには、具体的にどのように指導すればよいか。ここでは道徳性の認知的側面、情緒的側面、行動的側面を養う指導方法をそれぞれ詳しく検討することにしたい。

　本章では道徳性を便宜的に三つの側面に分けて解説するが、それぞれの側面は相互に関連しており、重なる部分もあれば融合している部分もあることを前提としている。

図　道徳性の三側面

2 認知的側面の指導

　道徳性の認知的側面を養うためには、道徳の基礎・基本となる知識や技能を学ぶ習得的な学習と、道徳的問題を考え議論する問題解決的な学習を有効活用することが望まれる。

(1) 習得的な学習の活用

　道徳も教科となるからには、指導内容を明確にして、その確実な習得を目指さなければならない。従来は教師が道徳的価値を子どもに教え込んではいけないとされたため、具体的な指導内容を直接示すことは避けられ、間接的に読み物資料を提示するだけであった。そのため、子どもの方でも何を学んだのか具体的にわかりにくい構造になっていた。そこで、道徳科では、読み物教材だけでなく、道徳についての基礎知識や関連情報、あるいは先人・偉人の格言・名言を提示することが大切になる。

　こうして提示する道徳上の基礎知識や格言・名言がすべて正しいとは限らない

が、それでも道徳上の問題を考えたり判断したりするための材料にはなる。例えば、論語の「己の欲せざる所は人に施す勿れ」や、黄金律とされる「何事でも人からしてほしいと望むことは、人にもその通りにせよ」など可逆性の原理を学ぶことは、道徳上の問題を考える判断基準として有意義である。文部科学省の作成した『私たちの道徳』には、道徳に関するこうした情報や知識が豊富に示されていて有効である。

実践のポイント①

言葉の本当の意味を考え議論する

　格言や名言は、教師にとってとても助かる言葉。使える言葉はどんどん使って、授業を深めてほしい。しかし、言葉がもつエネルギーは大きいので、言葉に溺れないようにしたい。
　今回は、「時は金なり」を活用して、時間の大切さを考える実践を紹介する。
　「時は□なり」と黒板に書いて、□の中を聞けば、ほとんどの子が「金」と答えるであろう。そこで、「どうして時が金なりなのかな?」と聞くと、子どもたちは一斉に考えはじめる。「わからない」と答えるであろう。ここがポイントである。格言・名言を使うときは、その言葉がもっている本当の意味（価値）をじっくりと考えさせながら展開したい。うまくいけば、授業の最後には、時は金なりという言葉は、子どもたちのものになり「時は未来をつくるものなり」など心に響く本当の名言となる。

```
T：時は□なりの□の中に何が入りますか?
C：金!!
T：知っていますね。では、どうして「時は
　　金なり」なのですか?
C：時間がお金ぐらい大切ってこと?
C：それってどういうこと?　あれ?
C：言葉は知っているけど…どういう意味?
```

（竹井）

---

(2) 問題解決的な学習の活用

　道徳科における問題解決的な学習とは、子どもが「生きるうえで出会うさまざまな道徳上の問題や課題を多面的・多角的に考え、主体的に判断し実行し、よりよく生きていくための資質・能力を養う学習」である。問題解決的な学習は、子どもが互いに意見を尊重し、協働してよりよい生き方を探究するためにきわめて有効である。そうした学習こそが現実的な問題状況における道徳的行動や習慣形成につながり、ひいては子どもの生きる力の育成や人格の完成にも影響を及ぼすからである。

　これまでの道徳授業に実効性が欠けていたのは、資料に登場する人物の気持ちを共感的に理解できても、実際に自分ならどう行為・実践すべきかまでは考えが及ばず、現実的な問題に活用・応用する能力を育成できなかったからである。し

かし、安直にモラル・ジレンマやディベート用の課題を設定して、二項対立の図式で話し合い、オープン・エンドで拡散してしまうような授業であっても困る。

そこで、道徳科の授業では、育成すべき資質・能力を設定し、そのねらいに即して問題解決的な学習を取り入れ、子どもの興味・関心を生かし、子どもたちが互いに意見を出し合い協働して議論する中で、納得し合える解決策を導き出すことが大事になる。そこでは、道徳的問題を具体的に示した後で、「登場人物はどのようにしたらよいか」「自分ならどのようにするか」「人間としてどうあるべきか」「なぜそうするのか」などを多面的・多角的に問いかけ、主体的に判断し、人間としての生き方・あり方について熟議することが必要になる。

そこでの議論は、ねらいとする道徳的価値に強引に結びつける展開でもなければ、二項対立の「あれかこれか」で単純に話し合う展開でもなく、多面的・多角的な見地から互いに納得し合える解決策を導き出すような展開にすべきなのである。

その際、子どもが自分の考えを発表したり、道徳ノートやワークシートに書いたり、互いの意見を交流したりすることで、よりよい解決策を協働して探究することもできる。こうした学習を通して、子ども一人ひとりが生きるうえで出会うさまざまな問題や課題を主体的に解決し、よりよく生きていくための資質・能力を着実に養うことができる。

実践のポイント②

授業過程を大切にする（特に導入は大切）

問題解決的な学習は、以下のような授業過程を大切にするとうまくいく。
①まず、自ら考えたいとする問い（問題）を見つけること。
②次に、その問い（問題）に対する解決策を自分事として真剣に考えること。
③そして、さまざまな解決策について、仲間と本気で議論すること。
④最後に、すべての解決策のよさとその策のために必要な心について理解すること。

この４つの過程を子どもたちの思考過程に合わせてスムーズに進めることができれば、OKである。決して難しくないし、他の教科でも実践しているはずである。だから、全国の先生方には、教科になる道徳を安心して楽しく授業していただきたい。

４つの過程の中で特に①が重要。それは、子どもたち自ら、考えてみたい、考えなければという問い（問題）がなければ、解決する意欲も意味もなくなるからだ。そして、解決策について、子どもたち同士が本気で議論することができない。つまり、①がしっかりとできなければ、本時展開はとんだ茶番になる。例えば、今回のDVDにも収録している『あいさつ』の導入。「あいさつは大切だと思う人？」と聞けば、当然全員が挙手をする。

> 「どうして大切なの？」と聞き返した瞬間、手は下がる。これが問い（問題）が生まれた瞬間である。問題解決的な学習のポイントは、実に明確である。「すべては導入にあり」なのである。
>
> 　　　　　　　　　　　　　　　　　　　　　　　　　　　　　　　　　　　（竹井）

(3) 応用問題の設定

　展開前段の資料内容を基礎問題として結論を出した後に、展開後段で応用問題をシミュレーションとして解いていく方式もある。例えば、本書54頁および付録DVDで紹介している『はしの上のおおかみ』の授業では、一本橋でおおかみの立場から問題解決を話し合った後に、身近な話題として、おもしろい本を読んでいる時に小さな子から「その本を貸してほしい」と言われたらどうするかを応用問題として提示している。

　こうした応用問題の一例としてNHKのEテレで制作した「ココロ部！」の教材を活用することもできる。例えば、有名な『手品師』の問題を解決した後に、『カメラマンの選択』を応用問題として考える。また、「二通の手紙」で問題解決した後に、『遅れてきた客』を応用問題として考える。この「ココロ部！」の制作には筆者も指導・助言しており、問題解決的な学習に使いやすい構成となっている。

実践のポイント③

宿題（ドリル）の感覚で出題する

　道徳が教科になれば、他の教科と同じように「宿題」があってもよい。算数の教科書には、学んだことを活用する問題が必ずあり、計算ドリルまである。道徳だって、教科なのだから、学びっぱなしではなく、普段の生活につながる問題を宿題（ドリル）のように設定したい。そして、これからの生活の糧になるように、明るく楽しくである。

　例えば、本書79頁で紹介している『ろばを売りに行く親子』は、ご存じのとおりイソップ童話である。どこか遠い国のお話でも、学んだことが身近な問題として活かされるのである。

　生き物係として、ザリガニをかっています。えさをやっていると…。
　「○○くんがきて、もっとえさをあげなよ。」といわれたので、えさをどんどんあげてみました。するとみるみるうちに水が汚れて、臭くなってしまいました。
　「○○さんが、水かえないとザリガニがしんじゃうよ。」といわれました。だから、すぐに水かえをしました。でも、うまく水がかえられなくて、水槽をわってしまいました。
　水そうのかわりにバケツにザリガニをいれていると
　「○○くんが、水多すぎじゃないの？」といわれました。少なくするために水をながしていると、水といっしょにザリガニも、にげていってしまいました。

よって、応用問題は、学級におけるより現実的な問題を提示し、学んだことを活かす喜びを感じながら展開したい。　　（竹井）

みんなは、ザリガニがいなくなったことをとてもかなしみました。あなたは、どうしますか？

(4) 今日的課題の導入

今日的課題として、例えば、いじめ問題をはじめ、情報モラル、生命倫理、環境倫理（持続可能な社会 ESD）などを取り上げることも有効である。高度な情報化やグローバル化の進展によって社会的問題が複雑化する中で、各分野の専門家ですら答えが一つではない場合や、特定の答えを決めかねる場合もある。そうした今日的問題を子どもたちが考え議論することも有意義である。

また、いじめ問題への対応を想定した道徳授業においては、なおさら重要である。どれほど立派ないじめ対策の道徳授業をしようと、その後もいじめや校内暴力が続いているようでは実効性があるとは言えない。実際にいじめ問題にどう向かい、どう解決するかを当事者（被害者、加害者、観衆、傍観者、仲裁者など）の立場から考え、その防止や解消につなげるべきである。

さらに、シティズンシップ教育や法教育、安全教育、食育なども道徳教育と関連づけて指導することもできる。こうした緊急性がありながら答えの出しにくい現実的な問題には、子ども自身が主体的に考えるとともに、皆で学び考え協働して探究し合い、実行可能な対応策を創り出すような問題解決的な学習が有効である。

> **実践のポイント ④**
>
> #### 教えようではなく、ともに考えようとする
>
> 今日的課題は、いじめ問題、情報モラル、生命倫理、環境倫理などさまざまである。これらの問題を取り上げて授業を進めるとき、気をつけたいことは、今日的課題だからといって、子どもたちに（課題の）つらい現実をあからさまに突きつけないことである。子どもたちは常に、よりよく生きようとしている。未来に向かって明るく生きている。だからこそ、「いじめはどうすればなくなるのか」「情報のモラルはどうすれば保てるのか」「いのちはどうして大切なのか」「地球のために何ができるのか」など、これから自分がどうすればよりよい生き方ができ、すばらしい社会をつくれるのかをみんなで考えたいものである。
>
> 例えば、いじめ問題で授業するのであれば、いじめのこわさを教える前に、いじめの構造、いじめの要因を考えたうえで、いじめ防止の作戦など議論し

> ながら、いじめ問題という課題への突破口を明るく見つけだせるようにしたい。
> 　今日的課題の導入による授業は、暗くしないこと。これが最大のポイントである。
>
> (竹井)

3　情緒的側面の指導

(1) 共感的な理解力

　道徳性の情緒的側面（道徳的な心情、実践意欲・態度）を養うことも重要である。道徳的心情を養う基本は、他者の心情をあるがままに共感的に理解するところから始まる。ここから自分の考えや生き方について内省して、自己中心的な考え方から脱却し、さまざまな他者の考えを踏まえた総合的な考え方ができるようになる。

　この点では、感動的な読み物や共感しやすい読み物を使って、登場人物の心情を共感的に理解することも時に有効である。ただし、心情の理解それ自体を目的とすべきではない。特定の道徳的価値を教え込むために作られたフィクション教材は、時に子どもたちにとって共感しにくいものも少なくない。例えば、有名な教材『手品師』は共感的な活用で「誠実・明朗」を教え込むのには無理がある。この場合、上述した問題解決的な学習を取り入れて、手品師の気持ちだけでなく、少年の気持ち、友人の気持ち、大観衆の気持ちなども慮ったうえで、人間としての生き方を考えるべきだろう。

実践のポイント ⑤

心情を問う利点を考える

　共感的な理解を育むためには、従来どおり心情を問うことも時には必要である。教材の中に登場する人物の気持ちを聞くことは、子どもたちにとって考えやすく、共感しやすい。ただ、その考えが、子どもたち自身の考えではないことを周知してほしい。つまり、共感的な理解力は、心情を問う発問を足がかりに、子どもたち自らが問い直すような深めの発問をしながら、共感的な理解力を育みたい。

　例えば、4年生の教材『花さき山』では、美しいものに感動する心に共感し、理解することねらいとする。そのねらいに迫るために、まず、主人公である「あや」の気持ちを考えさせることが大切である。次に「花さき山に花を咲かせられる人はどんな心をもった人か」という自分の考えをつくる問いを投げかける。そして、最後に「どうして人は美しいものに感動するのか」という自分の生き方を問うのである。

(竹井)

(2) 偉人・先人へのあこがれ

　偉人・先人の生き方を教材にしたものは、道徳性の情緒的側面を育むうえでは有意義である。例えば、ソクラテス、野口英世、吉田松陰、キング牧師、マザー・テレサ、田中正造、杉原千畝など国内外の偉人・先人の生き方を共感的に理解することで、情緒的側面に強い影響を与えることができる。

　ただし、子どもにとって偉人・先人は立派すぎて見習えない印象をもつことがある。その場合は、時代背景や社会状況を理解したうえで、「自分がその偉人・先人なら、どのように考え判断し行動するだろうか」と考えながら読み進めるとよい。偉人や先人が苦難に遭って人間としての弱さを吐露する姿や挫折する姿などにも接し、それを乗り越えてよりよく生きることの意義や喜びを深く感じることができる。

　本書110頁および付録DVDに収録された『杉原千畝』の授業では、授業の前半で問題解決的に「自分が杉原千畝の立場ならどうすればよいか」を話し合う。しかし、当時の時代背景や政治的状況、家族や難民について深く理解すればするほど、心情的な葛藤が生じて決断しにくくなる。そこで、「なぜ千畝はそのような決断をしたのか」を問いかけることで、魂をゆさぶるような博愛の精神や人道主義の考え方を見いだすことができる。

> **実践のポイント⑥**
>
> ### 偉人・先人の生き方の共通点を探る
>
> 　道徳科において、偉人・先人を教えることがここでの目的ではない。偉人・先人のすばらしさ生き方に着目させ、どうして偉業を成しえたのかを考えさせたい。つまり、すばらしいとされる生き方の根拠を深く考えることが「あこがれ」を生み出すのである。そして、そのあこがれを自分の生き方へつなげていくことが、ここで求められていることである。
> 　例えば、鑑真和上の教材では、困難を乗り越えて、高みを目指す生き方ができたわけを

考えさせる。鑑真の生き方を支える心の動きを考えさせるのである。偉人の生き方の根底にある「人として何が大切か」を考えさせることが重要であり、偉人を学ぶ共通点である。偉人の生き方を通して、よりよい生き方について理想を語り合える時間をつくりたい。

(竹井)

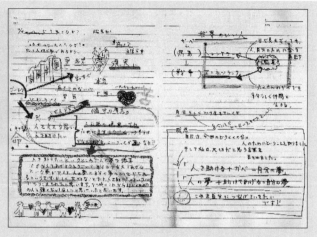

(3) スポーツ

スポーツを題材にした教材も人気がある。例えば、野球の松井秀喜選手、イチロー選手、サッカーの澤穂希選手、マラソンの高橋尚子選手、バスケットボールのマイケル・ジョーダン選手などが苦労しながら優れた成績を収めた物語は、子どもたちにも強い感動を与える。オリンピックやパラリンピックに出場して活躍した選手を取り上げるのも有効だろう。

> **実践のポイント⑦**
> **スポーツ選手から学ぶ「自分らしさ」**
>
> 昨今、日本人が世界のスポーツ界で活躍するニュースをよく耳にする。2020年には、東京でのオリンピック開催が決まり、スポーツ選手の教材を道徳科でも大切にしたい。
> どのようなスポーツにおいても、一流と呼ばれる選手は、努力を積み重ね、個性を伸ばし成功している。最初から個性的であったわけではない。目指すべき理想の姿を目標に自分を磨いて（努力して）自分らしさを獲得していったにちがいない。だから、一流といえるのである。
> 例えば、新聞で「イチローらしい」という表現を目にしたことがないだろうか。「〇〇選手らしい」とは、どのようなことか考え、「自分らしさ」（個性の伸長）について理解を深めたい。
> (竹井)

(4) 自然の美しさや崇高なものの偉大さ

自然を題材とした教材では、自然の美しさや神秘などに対する感動を期待するところがある。また、崇高なものの偉大さに圧倒されることもある。そうした美しいものや気高いものには素直に感動する心情を育みたい。

> **実践のポイント⑧**　　「美しいと言える美しい心」を育む
>
> 　人は大自然（自然の美しさ）に直面すると、心が動く。それは、人がつくりだすことのできない崇高なものへの心の動きである。偉大さとは、そのような心の動きを言うのであろう。だから、人は自然のあまりの美しさに涙したり、感嘆したりする。
> 　例えば、『10歳のプレゼント』という教材がある。10歳になる女の子に、お父さんが自然のすばらしさをプレゼントする話である。ここで大切なポイントは、お父さんの親心ではなく、プレゼントが意味するものである。それは、「自然の美しさに感動する心」であろう。相田みつを氏の詩に「美しいものを見て美しいと言えるその心が美しい」とあるが、まさにそのことである。美しいと言える美しい心を育みたいものである。　　　　　　　　　　（竹井）

(5) 伝統や文化

　伝統や文化を題材とした教材では、その有形無形の遺産を尊重するとともに、国や郷土への誇りを感じるようになる。自国で受け継がれてきた伝統や文化の中に自己の価値観を築き上げる礎を見いだして、愛情を感じさせるものがある。ただし、多様な価値観を有する子どもたちもいるため、一つの道徳的価値（国や郷土を愛する心情）を押しつけることがないように配慮することも求められる。

> **実践のポイント⑨**　　**伝統・文化の学習は国際理解の学習と表裏一体**
>
> 　伝統や文化は、日本のよさである。日本のよさを学ぶと育めるものが二つある。
> 　一つ目は、「愛国心」である。自分の住んでいる町（市・県・国）に、こんなすばらしい伝統があったと理解できれば、それを守りたい、大切にしようと誰もが思う。日本人の誰もが富士山が大好きな理由がそこにある。また、世界遺産として登録されている日本の宝は、教材として学ぶべきであろう。
> 　もう一つは、「世界のよさ」である。日本にはこんなよさがある。外国にも同じように、よさがあることを理解することが大切である。つまり、国際理解と伝統・文化は、表裏一体なのである。世界の中の日本のよさ、すばらしい伝統・文化が世界各国にあるよさを相互に理解させること、それがここで最も大切な指導内容だといえる。　　　　　　　　　（竹井）

(6) 多様な指導法

　道徳性の情緒的側面を育成する授業で留意すべき点は、心情主義（感傷主義）に過度に陥って、従来の道徳授業のように登場人物の心情や考えの読み取りに終始してしまわないことである。どれほど他者の心情を共感的に理解できても、そ

れは自分の心情や思考パターンとは異なるため、それだけでは自己に省察を促すことにはならず、自己の言動や習慣の変容にもつながらない。この点では、道徳性の認知的側面を養う問題解決的な学習や行動的側面を養う体験的な学習を取り入れて、適宜補足することが大事になる。

　学習形態でいえば、ペア学習やグループ学習をすることで、お互いの気持ちを共感的に理解し合い、交流する中で道徳的心情を養うこともできる。学級全体の前では発表しにくい本心や本音でも、子ども同士でなら率直に話し合うことができる点で有意義である。道徳授業ではお互いの貴重な価値観や人生観を交流することができるため、相互に尊重し合い、信頼し合う関係を築くことが大事である。

実践のポイント⑩

多様な指導法にチャレンジしよう

　道徳科の授業こそ、アクティブな授業を展開すべきである。それは、子どもたちのこれからの生き方を問う授業にしなければならないからである。従来どおりの授業では、子どもたちは受け身でなんの学びもなくなってしまう。

　そこで、多様な指導法にチャレンジしていただきたい。

　ただし、多様さを求めて、すべてを変えようとすると負担が大きい。だから無理をせずに、隣の子と話し合う時間を少しだけ設定するぐらいの軽い気持ちでチャレンジしていただきたい。

　これまでの実践でうまくいった多様な指導法を紹介しておく。徐々に多様さを求めて授業実践を子どもたちと積み重ねていただきたい。

- ペアでの話し合い（ペア交流）
- グループ交流（班での話し合い）
- 役割演技（教師と子ども、子どもと子ども）
- モラルスキルトレーニング、構成的エンカウンターなど
- 黒板やミニホワイトボードを使って、セッション。
- スクランブル交流（自分の考えがまとまった子が自由に話し合う。）
- 模造紙を使って、(KJ法のような）話し合いながらまとめる。
- シミュレーションで議論する。
- 体験活動の時間を少し入れる。（あいさつ、そうじなど）
- 評価（シェアリング）の時間を設定する。
- ２時間（２週）連続で同じ内容項目を学び続ける。
- 映像資料や補助教材の活用をする。
- 他の教科と同じように宿題をだす。

　以上のような多様性は、ほんの一例である。また、学年発達や学級実態に応じて、使える指導法と使えない指導法があるだろう。

> 子どもたちも、きっと「多様性」を求めているはずである。いつも同じ授業スタイルで安心するのではなく、「道徳科こそアクティブに」を合言葉に、全国の先生方が多様な指導法にゆるやかなチャレンジをしていただきたい。
> (竹井)

4 行動的側面の指導

　道徳的に正しいことを理解し、そのことが大事であると実感したとしても、それだけでは道徳的な行為や習慣につながらない。そこで役立つのが、道徳的な問題場面でどのように行為・実践すればよいかを考える授業である。つまり、従来のように座学で道徳的価値を理解するだけでなく、実際の道徳的行為や習慣につながる体験的な学習を取り入れることが大事になるのである。

　ただし、道徳科の授業に体験的な学習を取り入れる際には、単に活動を行って終わるのではなく、子どもが体験を通じて学んだことを振り返り、その意義について考えることが大切である。体験的な学習を通して道徳的価値の理解を深め、さまざまな課題や問題を主体的に解決するための資質・能力の育成に資するように十分に留意する必要がある。

　以下に体験的な学習の代表的なものとして、役割演技(ロールプレイ)と実体験活動、礼儀作法、別場面(応用問題)を取り上げたい。

(1) 役割演技の導入

　コミュニケーションに関わる課題を提示して、行動や所作のあり方について考える際には、役割演技が有意義である。人間関係の問題場面を想定して、具体的にどのように行動したらよいかについて考え、その解決策を役割演技で行うものである。ただ解決策を演技して終わるのではなく、複数の解決策をそれぞれ役割演技する中でそのメリットやデメリットを比較したり、演技を通してどのように感じたかを考察したりすることが大事である。

　例えば「友達から悪口を言われた場合どうするか」という問題で、「無視する」「悪口を言い返す」「そんなことを言わないで、と伝える」などいろいろな解決策が出たとする。そこで、どの解決策がよりよいかを役割演技しながら考え、その結果を想定したり相手の立場を考えたりして話し合うことができる。

　役割演技は、従来の道徳授業だと小学校低学年で既にセリフの決まった演技や動作化をやらせるだけのことが多かった。そのため、小学校の中学年から高学年にかけては役割演技を幼稚なものと見なして、やりたがらなくなる傾向がある。

しかし、体験的な学習としての役割演技であれば、自分たちで考えた解決策を即興的に演じて思考を深めたり広げたりできるため、高学年や中学生になっても有意義である。

役割演技のやり方はさまざまであるが、一般的なやり方を以下に示す。まず、教師が説明しながら実演する。子どもは教師の身振り素振りから大筋を理解できる。次に、先生と子どもで行う。ここでは道徳上の問題を悩み考える主人公の立場を子どもが演じることになる。第三に、登場人物の二人（または三人）を子ども同士で行う。一人１分ほどで演技し、役割を交替する（ロールチェンジ）。最後に、子ども同士の代表が教室の前に出てきて演技する。ここでも役割を交替して、それぞれの役割について感想を尋ねる。

付録DVDの『はしの上のおおかみ』の授業では、おおかみ、うさぎ、くまの立場で解決策を考えるとともに、役割交換をすることで相手の立場も考えられるようにしている点で有意義である。

> **実践のポイント⑪**
> **場面ごとの気持ちを考えさせる役割演技を**
>
> 役割演技は、とても難しい。無計画に役割演技を導入すれば、授業が思わぬ方向へ進み、取り返しがつかないことがある。また、子どもたちの演技力が問われ、授業の本質と違う観点で議論されることもある。よって役割演技はどんな気持ちを共感してほしいかという、しっかりとしたねらいをもち、モデルとなる役割演技を通して、学びを深めたい。さらに、子どもたちに役割演技の意味を十分理解させ、役割演技のよさを味わわせることが重要である。
>
> 例えば、本書に掲載されている『はしの上のおおかみ』では、教師が悪いおおかみを演じて、役割演技をスタートさせる。教師がいじわるなおおかみを演じ、いじわるされる他の動物たちを子どもたちに演じてもらう。いじわるされた時の気持ちを共感することが大切である。
>
> 役割演技は、プチ体験活動であるので、その場面の気持ちや解決策を考えさせることが有効であり、子どもたちにとって共感し応用できる有効な手立てとなる。
>
> 役割演技をうまく導入して、道徳の授業を生き生きとさせていただきたい。　　　（竹井）

(2) 実体験活動の導入

道徳授業で実物を用いたり実体験をしたりすることで、実感を深めることもできる。

例えば、導入や展開の一部で、身体の不自由さを体験的に理解するために、一

方が車椅子に乗り、もう一方が車椅子を押す体験をする。また、一人がアイマスク（目隠し）をして、もう一方がその人を誘導する。手足に重りをつけて動いたりすることで身体の不自由さを体験的に理解することもできるだろう。

　生命尊重の授業をする場合、互いに脈を計ったり、聴診器で自他の心臓音を聞いたりして生命の鼓動を実感する体験活動を取り入れることもできる。

　こうした実体験を道徳授業に取り入れることで、直接経験から深く学ぶことができる。

実践のポイント⑫

道徳学習の後にミニ実体験活動を

　子どもたちにとって、実体験に勝るものはない。例えば、働くことのすばらしさを学んだ後に、実際に働く体験活動を導入することはとても有効である。

　学級活動の時間と混同されてしまうが、ここでいう実体験とは、5分〜10分程度のお試しの活動であり、実際に体験して何が心に響いたのか、何が心に残ったのかなどを話し合うことが重要である。友情を学ぶ時、学級遊びの実体験活動を導入する。友だちと仲を深めるよさを学び、学級活動「学級遊び」を計画して実行し、全員で振り返ることで友情について考え続ける素地が育つ。それが友情についての理解を拡充することになるのである。右のように学級通信で共通理解を図ったり、家庭にもお知らせしたりして、生きて働く道徳教育につなげていくことも大切である。

（竹井）

---

(3) 礼儀作法の教育

　礼儀作法やエチケット、マナーに関する学習は、動作や所作を具体的に理解したうえで、それを体験的に学習することが有効である。あいさつや食事のマナーなどを心得やスキルとして理解した後に、実際に行動して体得することができる。

　伝統的な礼儀作法やマナーについては、「どうすべきか」を話し合うよりも、まず基本的な知識や技法を理解したうえで、実際のさまざまな場面を想定して、シミュレーション型の体験的な学習を自分でも行ってみた方が効果的である。

　本書91頁および付録DVDで紹介している『あいさつでつながる』の授業では、さまざまな状況においてどのようなあいさつが適切かを実際に行っている。

また、あいさつの基本や留意点を学ぶことであいさつの質を高めている点も印象的である。

> **実践のポイント⑬**
> **挨拶を強要する前に、その意味・役割を考えさせる**
>
> そもそも礼儀作法は、人間関係構築の基本的な行為として教えられるものである。礼儀作法をしっかりと教えてもらいながら、その意味やねうちを学ぶのである。どうして、挨拶が大切なのか、会釈にはどんな意味があるのかなど礼儀作法のすばらしさを学ぶのである。
>
> 心と行為は表裏一体である。礼儀のよさを考えさせ、礼儀作法を指導する授業づくりがとても有効である。
>
> 「挨拶をしなさい」と子どもたちに強要する前に、「挨拶はどうして大切なのか」を考え、「挨拶するってすばらしい」と子どもたちの意識が変われば、挨拶をする姿は変わる。
>
> 教えることと学ぶことをクロスさせながら、礼儀作法の教育を進めていただきたい。そして、本書添付の授業実践DVDをぜひご覧いただきたい。
>
> （竹井）

(4) 特別活動などの体験活動との関連づけ

　道徳教育の実効性を高めるためには、道徳科の授業で学ぶことを実際の日常生活と関連づけることが大切である。特に、特別活動等での体験活動を道徳的実践として省察する経験が有意義になる。①この場合、道徳授業の前に体験した活動を振り返るパターンと、②授業後に体験活動を行うパターンがある。

　①のパターンは、道徳授業の前に特別活動や総合的な学習の時間、各教科等において多様な実践活動や体験活動を行っておき、道徳授業の中でそうした活動に含まれる道徳的価値の意義を深く実感するものである。事前に子どもの実態把握をするうえでも、体験活動と関連づけることは大切である。

　例えば、集団宿泊活動、自然体験活動、運動会・体育祭、修学旅行、職場体験活動、奉仕体験活動などの豊かな体験を道徳的実践としてとらえていくことができる。そして、子ども一人ひとりが学校や学級の一員として活動した経験をもとに、自分の役割と責任について自覚を深めた体験を道徳授業の導入や展開部で振り返る。また、朝夕の登下校や給食時、掃除、休み時間等の出来事、あるいは家庭や地域社会での出来事などを取り上げ、道徳的価値と関連づけて授業中に省察することも有意義である。

　②のパターンは、道徳授業で育成した道徳性を実際の日常生活に活用するものである。道徳の授業中にどれほど道徳的価値を深めても、その後の実践や習慣に

結びつかなければ、畳の上の水練にすぎず、実効性が高まらない。道徳授業をした後にそこで習得した道徳的価値（観）に基づいて道徳的行為を経験することこそが、本物の道徳性を養い、人格の形成によりよい影響を及ぼすのである。

例えば、道徳授業で公共の精神を高めた後に、特別活動等で地域の清掃活動やボランティア活動を道徳的実践として行うことができる。また、道徳授業で集団生活の充実を考えた後に、長縄跳び大会に出たら大活躍したという事例もある。さらに、道徳授業で思いやりの心を養った後に、幼児や高齢者のいる施設を訪問して実際に交流を図った例もある。学校行事や体験活動は義務や強制で行えばやる気を失うが、道徳的な意義を意識して自発的に行えば、有意義な道徳的実践の場になるのである。

このように道徳授業と体験活動を関連づける場合は、子どもの発達段階を考慮しながら年間指導計画における学校行事や教科等の学習活動と結びつけて、道徳的実践の場を有効活用できるように配慮すべきである。

実践のポイント⑭

道徳の学習を他の体験活動に関連づける

道徳で学んだことは、特別活動などの体験活動と関連づけることで、子どもたちの心を大きく育むことができる。特に、生命尊重など広義に考えなければならない内容項目こそ、特別活動などの体験活動と関連づけて学び深めることをおすすめしたい。

総合の時間「劇づくり」、社会科見学「相田みつを美術館の見学」、学校行事「いのちの集会（日野原先生の話）」などと関連させて次のような計画を立てた。

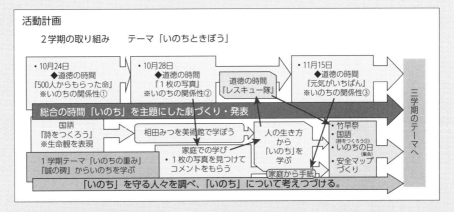

毎時間の学びを関連づけられるように、自分の考えを道徳ノートなどに蓄積していく。それにより「いのち」について学びを深め、「いのち」への自分の考えが拡充したことを明らかにすることができる。

いのちをテーマにした学習のまとめ

　いのちは、自分だけのものではなくて、家族、先祖などの思いがつまっているものだとわかりました。

　ぼくは、今10年間生きてきました。この時間は、人との支え合い、助け合いによってあるものだと思います。

　だから、生きがいを感じるのです。

　ぼくたちも、ひのはら先生や本気で今を生きている人を尊敬したいです。そして、ぼくもこの尊いいのちをむねに生きていきたいと思います。

(竹井)

4章 道徳科の多面的な評価法

1 評価の基本方針

　道徳科では、子どもの学習状況や道徳的な成長のようすを把握し、今後の指導に生かすために適切な評価を行う必要がある。今後も「数値などによる評価」は行わないが、その目標に照らして学習状況や成長のようすなどを文章で記述する評価は行うことができるようになる。各教科等と同様に、アクティブ・ラーニングに対応した道徳授業であれば、育成した資質・能力を観点別に評価したり、目標に準拠して評価したりすることはできる。

　その際の評価は、教師が個人的な価値観で子どもの道徳的な欠点や弱点を非難するようなものではなく、子ども一人ひとりのよさを認め、道徳性にかかる成長を促すようなものにする必要がある。そこでは、子どもがいかに成長したかを受け止めて、努力を認めたり、励ましたりする個人内評価をいかに行うかがポイントになる。そして、子ども一人ひとりが自らの現状や目標を見据え、道徳を学習する重要性を認め、学習意欲を高め、今後の生活習慣や行為をよりよくするような評価とすべきである。

　ただし、この種の評価が導入されると、模範例文を切り貼りしたような記述式評価が横行する可能性もある。そうした一般的な例文は、無難な表現にはなるが、個別の子どもの姿とは乖離してくる。できるだけ子どもたちの成長や努力する過程を見届けて、担任教師の言葉で個別に対応するようにしたい。

　こうした評価を行うためには、個々の道徳授業を毎回細かく評価するというよりも、学期や学年ごとにまとめたものを大くくりにして総括的に評価し、指導要録に新設される道徳用の記録欄に記載することになる。

　従来の道徳授業だと、どれだけ道徳的心情を養えたかを評価することになるため、「子どもの心」を評価するような意味合いが出てしまい、望ましくないとされてきた。それに対して、アクティブ・ラーニングに対応した道徳授業であれば、各教科等のように「思考・判断・表現」をはじめ、「関心・意欲・態度」「知識・理解・技能」の3観点を取り入れた観点別評価をすることができる。

道徳性の認知的側面、情緒的側面、行動的側面に関する指導と関連づけると、以下のような評価が考えられる。

2　認知的側面の評価

(1) 思考・判断・表現の観点

　アクティブ・ラーニングで子どもが道徳上の諸問題を解決するプロセスにおける「思考、判断、表現」を評価することができる。

　まず、道徳的問題について子どもたちがいろいろな考えや判断をし深めていく過程について形成的評価をすることができる。子どもたちが情報をどのように理解したか、文脈をどのように理解したか、既存の知識や経験にどのように結びつけたか、既存の知識や技能をどのように活用したかを評価するのである。

　次に、問題の解決策を判断した理由について評価規準を設定してルーブリック評価をしたりすることもできる。例えば、自己中心的に考えているレベル、相手の立場を考えて解決しているレベル、自分と他者を尊重して考えているレベル、広く社会全体を考えているレベルなどに分けることができる。

　例えば、本書54頁および付録DVDに紹介している『はしの上のおおかみ』であれば、自分さえよければよいと考え、相手に意地悪をするレベル（はじめのおおかみ）、卑屈になって相手に何でも譲るレベル（熊に会った時のおおかみ）、相手のことも自分のことも尊重できるレベル（翌日に親切になったおおかみ）に分けて、どれがよりよいかを考えられるようにする。

　『杉原千畝』（本書110頁および付録DVD）であれば、自分や家族の身の安全しか考えていないレベル、ユダヤ人難民の困難さに同情するレベル、広く世界全体に対する人類愛や人道について考えるレベルに分類して考えることができる。

　パフォーマンス評価をする場合は、子どもたち一人ひとりの考えの変容を把握することが重要である。ただし、授業中の発言を毎回記録することは大変であるため、記述した道徳ノートやワークシートを有効活用したい。

　例えば、『はしの上のおおかみ』であれば、導入で「親切とは何か」を問われ、「相手のために何かしてあげること」と考えていた子どもが、終末では「相手も自分にもよいことをやってあげること」と答えた点を評価する。

　『あいさつでつながる』（本書91頁および付録DVD）であれば、導入で「あいさつは何のためにするのか」と尋ねられ、「決まりだから」「先生から言われるから」と考えていた子どもが、授業の終末では「心と心がつながるため」「気持ち

のよい人間関係をつくるため」という認識に至ったところを評価する。

　そのほかにも、子どもがワークシートやノートで道徳上の問題について因果関係を論理的に考察しているところや、自分の経験や見聞と結びつけて考察を深めたところ、さまざまな道徳的諸価値と結びつけて深い考察をしているところ、将来の自分の実践や習慣に結びつけているところなどを評価する。こうした点をルーブリック評価することもできる。例えば、物語を理解しているレベル、基本的な道徳的価値を理解しているレベル、自分の経験と関連づけて考えを深めているレベル、今後の生活に活かそうとしているレベルなどに分けることができる。こうした子どもの記述内容については、できるだけ教師が認め、励まし、勇気づけるようなコメントをつけてフィードバックしていくことが望まれる。

　子どもの道徳性は一回の授業で劇的に変化する場合は少ないため、多面的、継続的に把握し、総合的に評価していく必要がある。中長期的に見守り、努力の積み重ねを認め励まし、さらに意欲的に取り組めるような評価にするとともに、その課題を一つひとつ明確にして、今後の指導の充実を図ることが求められる。

(2) 知識・理解

　基礎的・基本的な知識・技能をどれくらい習得できたかを評価することができる。ここでは道徳授業の目標に含まれる「道徳的諸価値の理解」と関連づけることが大事になる。例えば、「道徳的価値の大切さをどう理解したか」「話し合いでどのように自己理解・他者理解・人間理解を深めたか」「道徳的価値の実現に向けてどのように意欲をもったか」に注目して評価する。

　ここでは、どのように認識が変化すれば「道徳的諸価値」を理解したことになるかを見きわめる必要がある。例えば、道徳的価値の一般的な意味を理解するレベル、自分の過去の経験と関連づけて道徳的諸価値を理解するレベル、道徳的価値をより普遍的に自覚したレベル、今後の生き方に道徳的価値を結びつけて決意するレベルなどが考えられる。

　また、道徳的価値観が「結果を重視する見方から動機をも重視する見方へ」「主観的な見方から客観性を重視した見方へ」「一面的な見方から多面的な見方へ」変化した場合に、道徳性が発達したと見なして評価することができる。

3 情緒的側面の評価

(1) 関心・意欲・態度

　道徳授業の具体的な学習対象や学習事項に対する「関心・意欲・態度」の観点から評価することができる。この場合、子どもが自らの学習状況について自己評価カードや振り返りカードにつけていく。

　例えば、授業の最後に「自分の考えをもち、積極的に書いたり発表したりすることができた」「自分だったらどうするかを意欲的に考えることができた」「友達の考えを聞いて自分の考えを深めることができた」といった項目について、「よくできた」「できた」「あまりできなかった」「できなかった」などと、子ども一人ひとりに自己評価してもらう。

(2) 道徳的心情

　道徳上の問題を解決する際に、さまざまな登場人物の立場や心情を共感的に理解することが道徳的心情を養うことにつながる。単に登場人物の気持ちを理解するだけなら、従来の道徳授業と同じで、単なる国語の読解力テストのようになる。それに対して、アクティブ・ラーニングに対応した道徳授業であれば、さまざまな登場人物の言い分や考えを共感的に理解している点や自他の経験と関連づけて考えを深めている点を評価する。

　また、集団や学級で話し合っている際に、他の人の発表を傾聴して受け止め、共感的に理解したり、積極的に支持したりする点を評価することも可能である。

(3) 道徳的な実践意欲・態度

　子どもたちが道徳的判断力や道徳的心情を養うだけでなく、道徳的な問題解決能力を今後の現実世界でも活用・応用しようとする意欲を評価することができる。例えば、道徳用のノートやワークシートに今後のよりよい生き方や行動目標を書いて努力しようとする点を評価することができる。

　こうした道徳的実践意欲や態度は、次節の行動的側面と関連づけることも有意義である。例えば、年下の子に親切にすることを目標として掲げ、実践意欲をもった子どもが、実際の交流学習でどのように年下の子と関われたかを自己評価するのである。

4 行動的側面の評価

(1) 技能の観点

　道徳の学習課題や学習対象、学習事項などの内容について知識や技能（スキル）を習得し、実生活で活用・応用できるかを評価することもできる。問題解決の場面でいえば、具体的にどのように行為・実践すればよいかを考えている点を評価する。

　また、体験的な学習を通して具体的に実践できている点を評価する。例えば、『あいさつでつながる』（本書91頁および付録DVD）であれば、スキル学習でより礼儀正しく心をこめてあいさつできるようになった点を評価する。さまざまな状況でも臨機応変にあいさつできるようになった点を評価することもできる。子ども同士でペアになり、道徳的行為を示し合うことで相互評価することもできる。

(2) 日常生活の道徳的実践

　道徳授業で考えた解決策や行動目標を実践したものを評価することができる。ここでは前節で取り上げた「道徳的実践意欲・態度」が実際の道徳的実践に結びついたかどうかを評価することにもなる。

　例えば、『はしの上のおおかみ』（本書54頁および付録DVD）で相手も自分も尊重できる解決策を考えた場合、それが日常生活でも実践できたかを評価する。また、「身近にいる人を親切にする」という行動目標を立て、1週間ほど続けてどれだけ実践できたかを評価することもできる。

　『あいさつでつながる』（本書91頁および付録DVD）に関連しては、実際に心のこもったあいさつが時と場合に応じてできたかを評価することができる。

(3) 「行動の記録」の活用

　上述した「日常生活の道徳的実践」については、指導要録にある「行動の記録」に関連づけることもできる。各学校で重視する道徳的諸価値を10項目ほど設定しておき、それらを道徳教育の重点項目とするとともに、道徳授業でも積極的に取り上げ、日常生活にどれだけ反映しているかを評価するのである。

　例えば、「思いやり」を道徳教育の重点項目として設定したら、道徳授業で取り上げるとともに、その後の行為や習慣に基づいて「行動の記録」に評価を記すことができる。

(4) ポートフォリオ評価の活用

　子どもが道徳のワークシートなどに学習の過程や成果などを記録していくポートフォリオ評価は、子どもの道徳的な成長の軌跡を認めるうえで有効である。道徳授業の学びや実際の道徳的実践を振り返ってワークシートやノートに記しておき、その成果をファイリングしてポートフォリオを作成すれば、総括的評価に活用することもできる。子どもたちの学習状況や発達段階を把握するためには有効な資料になる。学期末に子どもたちの道徳的実践をまとめた図表やポスターを作って、子どもたちがグループで発表し合い、相互評価し合うこともできる。

　ポートフォリオ評価は、基本的には学期や学年の終わりにカンファレンスを行う。まず、子ども一人ひとりが自分のポートフォリオを振り返って、自己評価をする。ここで「自分はこんなに頑張ってきたんだ」「ここが成長したな」と実感することができる。一方で、「このあたりはまだ足りないかな」「今後の課題にしよう」「このあたりを次の学年では目標にしよう」と考えることもできる。

　その後で、4人グループでお互いに発表し合い、「自分はこんなふうに頑張ってきたけれども、どう思う？」とお互いに聞き合い、尊重し合う。「ここは頑張ったね。これからはこんなふうにやっていけるといいね」というように、子ども同士で認め励ますような相互評価をし、グループごとに発表し合う。何名かに全体の前で発表してもらってもよいだろう。

(5) 道徳の目標設定シートと振り返りシート

　個別の振り返りシートに先生が個別にコメントを書くことで、子ども自身が次の目標や課題につなげていくこともできる。また、それは教師による大くくりな評価としても活用できるだろう。

　こうした学びを蓄積することが、子どもたちの道徳性の系統的な成長につながり、将来の夢や希望にも結びついていく。こうした道徳ノートやワークシートを蓄積していき、学年や学期の最後に教師と子どもたちが一緒になって話し合い、納得しながらポートフォリオ評価をしていくことが、長期的で総合的な評価には大事になる。

　参考までに、道徳開きで活用する目標設定シートと振り返りシートを、次頁に掲載しておく。年度のはじめに道徳上の目標を内容項目と関連づけて立て、年度の最後あたりにどのくらい達成できたかを振り返る作業をすると、子どもの道徳的な成長を長期的かつ総合的に掌握し、認め励ますことができる。

● 4章 道徳科の多面的な評価法

道徳の目標設定シート

　　　　　　　　　　　　　　　　　　　　年　　組　氏名

1　人生の目標…どんな＿年生になりたいですか。

　　[　　　　　　　　　　　　　　　　　　　　　　　　　　]

2　目標の理由…なぜそのような＿年生になりたいのですか。

　　[　　　　　　　　　　　　　　　　　　　　　　　　　　]

3　そのために、どのようなことができるでしょうか。

　A　自分のことでできること

　　[　　　　　　　　　　　　　　　　　　　　　　　　　　]

　（例：明るく誠実に生きる。節度・節制を心がける。努力してやり抜く。
　　　　短所を改め、長所を伸ばす。真理を探究する。その他）

　B　人との関わりの中でできること

　　[　　　　　　　　　　　　　　　　　　　　　　　　　　]

　（例：思いやりの心をもつ。感謝の心をもつ。友だちと助け合う。
　　　　礼儀正しくふるまう。謙虚な心をもつ。広い心をもつ。その他）

　C　集団や社会のことでできること

　　[　　　　　　　　　　　　　　　　　　　　　　　　　　]

　（例：法や決まりを守る。公正・公平に接する。公共のために役立つ。
　　　　社会に奉仕する。集団生活を充実させる。文化や伝統を大切にする。その他）

　D　人間としてよりよく生きるためにできること

　　[　　　　　　　　　　　　　　　　　　　　　　　　　　]

　（例：生命を尊重する。自然環境を大切にする。美しいものや気高いものに感動する。
　　　　人間として生きる喜びを感じる。その他）

先生から一言

　　[　　　　　　　　　　　　　　　　　　　　　　　　　　]

道徳のふり返りシート

年　　組　　氏名 ＿＿＿＿＿＿＿＿

1年間の道徳の学習をふり返りましょう。

1　この一年間をふり返り、がんばれたことを書いてみましょう。

2　この一年で道徳の目標は達成できましたか。初めのページをふり返ろう。

3　この一年間で自分の心が成長したと思うことはどんなことですか。

4　来年度の私へのメッセージ

保護者から一言

先生から一言

参考図書

柳沼良太『問題解決的な学習で創る道徳授業 超入門』明治図書、2016年
柳沼良太『実効性のある道徳教育―日米比較から見えてくるもの―』教育出版、2015年
押谷由夫・諸富祥彦・柳沼良太編『新教科道徳はこうしたら面白い』図書文化社、2015年
貝塚茂樹・柳沼良太編『学校で学びたい日本の偉人』育鵬社、2014年
押谷由夫・柳沼良太編『道徳の時代をつくる！―道徳教科化への始動―』教育出版、2014年
押谷由夫・柳沼良太編『道徳の時代がきた！―道徳教科化への提言―』教育出版、2013年
柳沼良太『「生きる力」を育む道徳教育―デューイ教育思想の継承と発展―』慶應義塾大学出版会、2012年

Ⅱ

アクティブ・ラーニングに対応した道徳授業の実際

| 授業展開例 1 |

1年　人に温かく接し、親切にする心

指導法の工夫：役割演技　問題解決的な学習

1　内容項目「7　親切、思いやり」について

〔第1学年及び第2学年〕
身近にいる人に温かい心で接し、親切にすること。
〔第3学年及び第4学年〕
相手のことを思いやり、進んで親切にすること。
〔第5学年及び第6学年〕
誰に対しても思いやりの心をもち、相手の立場に立って親切にすること。
〔中学校〕
思いやりの心をもって人と接するとともに、家族などの支えや多くの人々の善意により日々の生活や現在の自分があることに感謝し、進んでそれに応え、人間愛の精神を深めること。

内容項目の考え方（1年）

　「親切、思いやり」は、1年生であっても身近で考えやすい内容項目である。思いやりは、相手の立場に立ち、相手に対してよかれと思う気持ちを相手に向ける心の動きである。親切は、親しいほどに切実になる心の動きである。どちらも心の動きであるが、その心の動きが高まることにより、思いやりのある姿や親切な姿へつながるのである。この心の動きこそ、温かい心である。1年生にとって、この温かい心を学ぶことは、これから始まる6年間の小学校生活における人間関係の構築において大切な基盤となる。まずは、身近にいる人（弟、妹、兄、姉、家族、近所の人、同級生、下級生、学校の先生）に、温かい心で接することについて目を向けさせる。温かい人たちの中に囲まれながら、温かい心を醸成させていくのである。それがひいては、人間愛の精神を深めることになるのである。

● 授業展開例1　人に温かく接し、親切にする心

2　教材『はしの上のおおかみ』について

　『はしの上のおおかみ』は、全国で多く実践が積み重ねられている定番の教材である。
あらすじは、以下のとおりである。
①山の中に一本橋がありました。
②うさぎなど動物たちが橋を渡る時に、おおかみが「もどれ」と意地悪をします。
③大きな熊がやってきて、おおかみを抱き上げて、渡してくれました。
④次の日、おおかみは、うさぎなど動物たちを抱き上げて、渡すのでした。
　この教材で考えさせたいポイントは、おおかみの変容である。はじめは、意地悪が快いおおかみが、熊に出会うことで、親切が快いおおかみに変容する。子どもたちには、「どうして、おおかみは変わったのか」を問いかけることで、よりよい生き方まで考えられるのである。構造的に見れば、下図のようになる。
　今回は、問題解決的な発問と役割演技などの体験的な活動を融合させた授業を展開する。

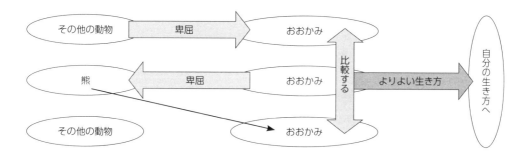

3　ねらい

◎まわりの人々に思いやりの心をもって接し、親切にしようとする。
　＊身近な人が喜ぶことに喜びを感じる温かい心がわかり、その心や行いに感動することができる。
　＊自分がうれしいと思うことを身近な人にもしようとする心が、本当の思いやりであることがわかる。
　＊温かい心や親切に行動する力は、自分ももっていることがわかる。
　＊思いやりの心をもって人に親切に行動する力を、日々の生活につなげようとする。

4 指導案

学習活動（○…主な発問）	指導上の留意点
(1)「親切とは何か」について考える。 　○「親切」とはどのようなことでしょう。 　　・人のために何かをしてあげること。 　○もし自分が本を読んでいる時、年下の子がその本を「貸して」と言ってきたら、どうするかな。 　　・貸してあげる。　・いやだと言う。…	日常生活から問題提起 ☆普段の生活の中にある問題を提起する。 ☆ここでは問題提起をするだけにとどめる。
(2)『はしの上のおおかみ』の前半を読む。 　○この一本橋の上で困ったことは何でしょう。 　　・両側から一緒には渡れないこと。 　○おおかみはどうしたらよいだろう。 　　・うさぎたちに「戻れ」と言って、先に渡る。 　○もし相手が熊だったら、どうすればよいだろう。 　　・自分が戻る。相手に先に渡ってもらう。 (3) おおかみ、うさぎ、熊の役で役割演技する。 　○いじわるなおおかみ役（児童）とうさぎ役（児童） 　　・おおかみ役「戻れ、戻れ！」 　　・うさぎ役「すみません。戻ります。」 (4)『はしの上のおおかみ』の後半を読む。 　おおかみ役と熊役で役割演技する。 　　・おおかみ役「私が戻ります。」 　　・熊役「大丈夫。こうすればいいんだよ。」と言って反対側に渡してあげる。 　○三つのやり方でどれが一番いいかな。	教材の中の問題解決 ☆教材の中での問題を発見し、おおかみはどうしたらよいかを考える。 ☆それぞれの場面でのおおかみ役を演じ、比較する。 　①意地悪をする快さ、②卑屈な思い、③親切にする快さを理解できるようにする。 ※ペアで役割を交替する。 ※役割演技をした感想を聞く。
(5) 別の問題場面を提示する。 　○もし自分が本を読んでいる時、年下の子がその本を貸してくれと言ってきたら、どうするかな。 　　・貸してあげる。 　　・いやだと言う。 　　・後で貸してあげると言う。 　　・一緒に読んであげる。… 　○どれが一番いいかな。	別場面の問題解決 導入で示した問題を再び話し合う。 ①いじわるに断るやり方 ②相手の言いなりになるやり方 ③相手も自分も喜べるやり方 を比較検討する。
(6) 親切とは何かをワークシートに書く。 　○親切とはどういうことかな。 　　・人のためになるけど、自分もうれしいこと。 　○これからの生活でどんなことができるだろうか。 　　・小さい子が困っていたら、助けてあげる。	問題解決の結論を出す ☆「親切とは何か」という問題に対して、自分なりの考えを出す。 ☆今後の生活につなげる。

5 アクティブ・ラーニングのポイント

- 導入では、具体的な生活場面を想定し、「親切（思いやり）とは何か」という**問題（問い）を子どもたち一人ひとりがもてるようにする。**
- この話の問題を見つける。ここでは、一本橋で動物が相互に渡れないのが問題である。その問題を**役割演技など体験的な学習**を通して、**解決的な考え**を育成する。
- 役割演技を通して、それぞれの場面の動物たちの気持ちに共感し、**どの方法が最善策なのか議論（話し合い）**をする。
- 展開後段では、「こんな時はどうする」という**シミュレーション**を行い、学んだことを**具体的生活場面につなげて、活用**できるようにする。ここでも、**よりよい姿（最善策）を選択**させ、**そのわけ（根拠）を議論（話し合い）**する。
- 終末では、導入での「親切（思いやり）とは何か」と同じことを聞き、大きなテーマ（問題）を学んで解決できたことを喜び、**学びを実感**できるようにする。また、**学んだ成果を自己評価**できるようにしたい。
- 自分たちの生活の中にある親切な姿を見つける宿題などを出して、その姿を支えたもの（心）について、**時間をじっくりかけて自分の考えをまとめさせる。**

6 板書

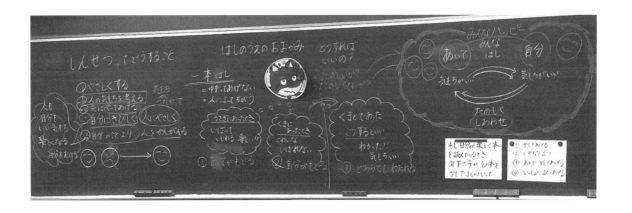

7　ワークシート

○「しんせつ」とは、どのようなことでしょうか。

○おおかみになって　かんがえてみよう。

①うさぎ、たぬき、きつね

②くまと　であったとき

③くまと　であったあと

○これから　じぶんに　できることを　かいてみましょう。

● 授業展開例1　人に温かく接し、親切にする心

8　子どものすがた

T：どうして、このおおかみさんは、変わったんだろう？
C：熊さんが橋を渡ってきて、こうすればいいんだよって教えてくれたから。
T：渡し方を知っていたら、おおかみさんは、意地悪しなかったんだ？
C：違う。熊さんが来て熊さんがやさしくしてくれて、おおかみさんもやさしくなりたいって思った。
C：おおかみは意地悪がおもしろいと思っていたけど、熊さんに出会ってそれが消えた。
T：意地悪しておもしろい方がいいんじゃない？
C：よくない。違う、おもしろくないけど親切。
T：こっちは、意地悪しておもしろい。こっちは、おもしろくないけど親切なんだ。
C：最初は、意地悪が楽しかったんだけど、今は親切が楽しい。
T：どうしてかな？
C：「いいな」が伝わったと思う。
T：えっ、なに？「いいな」ってなに？
C：「やさしいっていいな」が伝わった。熊さんは「やさしいっていいな」を伝えたんだと思う。
T：「やさしいっていいな」は、熊さんのどこからくるの？
C：こころ。こころがつながる。熊さんとおおかみさんのこころがつながる。
T：つながるってどういうこと？
C：やさしいっていうのは、こころとこころが手をつないで、それが思いやりになる。おおかみさんにそれが伝わったと思う。
T：へ〜。ほかには？
C：おおかみさんとうさぎさん。おおかみさんとたぬきさん。おおかみさんときつねさん。みんなだ。
T：もう一度聞いていい？　おおかみさんは、どうして変わったの？
C：おおかみさんはうれしかったから、変わった。
C：うさぎさんもうれしい、たぬきさんもうれしい、みんながうれしくなるこころがつながったから。
C：うれしいがつながる。やさしさがつながる。

参観していた保護者から

　親切とは、辞書の言葉を借りれば「相手の身になって、その人のために何かすること。思いやりをもって人のためにつくすこと」といえます。ただ、「小さな親切大きなお世話」ということもあり、相手のためになるのかどうか、なかなか判断が難しいところもあるかと思います。また、相手のために何かをするといっても、かえって何もしないほうが相手のためになることも多々あります。
　たとえば、子どもにあれこれと先のことを見越して指示することは、本人の考える力を奪うとよく言われるので、ヒントは与えても子ども自らの力でできるようにそっと見守るのも結果としては親切といえると思います。こうなってくると、どれだけ想像力を働かせて相手の立場を思いやれるかにかかってくると思います。ただし、見返りを求めることなく自分の意思で、さりげなく示すことが本当の親切なのではないでしょうか。この学級の子どもたちも本当の親切を自然にできる集団になってほしいと思っています。

付録DVD解説

1年『はしの上のおおかみ』

　『はしの上のおおかみ』は道徳用の定番教材としてよく用いられる。従来の心情理解中心の指導方法では、場面ごとにおおかみの気持ちを尋ねて、意地悪な気持ちから親切な気持ちへと変容する心を読み取り、「親切」という道徳的価値を理解させ、道徳性の情緒的側面を養ったことにするのが一般的である。しかし、この教材で子どもに「親切が大事だ」と教えても、既にわかっていることを再確認しているにすぎず、新しい学びはない。

　この教材は、人間関係のあり方を認知的側面から考えたり、問題場面でどのように行為・実践すればよいかを行動的側面から考えたりする時にさまざまな学びが成立する。例えば、一本橋の両方から渡ってきた場合、「何が問題なのか」「どうすればよいか」「なぜそうすべきなのか」を認知的な側面から考えることができれば、子どもたちの道徳的判断力を高めることができる。ここで大事なのは、どうすれば相手も自分も幸せになれるかを考え議論することである。従来の道徳授業では、わがままは悪いことであり、自分を犠牲にすることがよいことであると教えられることが多かった。しかし、実際の日常生活で生きて働く道徳性とは、自分も他人も尊重しながら問題を解決する資質・能力なのである。

　多様な指導方法として、竹井先生は展開前段で橋の上で何が問題になっているかを話題にし、物語の展開にそって役割演技しながら確認している。①おおかみがうさぎやたぬきに対して意地悪をする場面、②おおかみが熊と出会って道を譲ろうとする場面、③熊がおおかみを持ち上げて反対側に渡してあげる場面の三つを体験的な学習によって学んだ後に、どれが一番よい解決策かを考え議論し合うのである。子どもたちは、③の自他を尊重した解決策がいかに重要であるかを、認知的側面から考え議論しているようすがわかる。そして、子どもたちはこうした解決策を日常生活にも応用したいと考えることで道徳的実践意欲が高まるのである。

　また、竹井先生は導入と展開後段で、日常生活の類似の問題場面として、「自分が楽しく本を読んでいる時、年下の子がその本を貸してと言ってきた時、どうすればよいか」という事例を提示している。子どもたちは、当然ながら『はしの上のおおかみ』で学んだ内容を踏まえ、自他を尊重した問題解決として「読み終えたら貸してあげる」や「一緒に読んであげる」などと考え、「親切」のあり方について理解を深めている。

　こうした自他を尊重する問題解決の方法を学ぶことで、子どもたちの道徳的判断力や心情を育むだけでなく、日常生活の道徳的行動や習慣形成にもつながっていくのである。

(柳沼)

授業展開例 2

1年　自分の特徴に気付く心

指導法の工夫：言語活動の充実　協働的な学び

1　内容項目「4　個性の伸長」について

〔第1学年及び第2学年〕
自分の特徴に気付くこと。
〔第3学年及び第4学年〕
自分の特徴に気付き、長所を伸ばすこと。
〔第5学年及び第6学年〕
自分の特徴を知って、短所を改め長所を伸ばすこと。
〔中学校〕
自己を見つめ、自己の向上を図るとともに、個性を伸ばして充実した生き方を追求すること。

内容項目の考え方（1年）

「自分の特徴に気付く」とは何か。1年生であれば、それは自分に好きなことや得意なことがあることに気付くことであろう。簡単な言葉で言えば、「自分のよさ」を見つけることである。ただ、1年生の子にとって「自分のよさ」を自覚することは難しい。だから、「自分のよいところ」を考えさせたり、「よさ見つけ」などの体験的な活動を仕組んだりしながら、自分の特徴に気付かせていくとよいだろう。ここでいう「特徴」は、特長と意味が違い、他のものと違って特色があることをいう。自分の特色とは、自分らしいという小さな兆しにすぎないのである。よって、他の人と違う「自分らしさ」をもっていることに気付くことが、ここでの大きなねらいとなる。1年生にとっての個性の伸長とは、自分らしいよさをたくさん見つけることであろう。

2 教材『ともだち』について

　1年生の教材として、詩は有効である。それは、伝えたいことを短い言葉でストレートに伝えてくれるからである。『ともだち』では、自分のまわりにいる友達のよさを見つけていくことによって、自分にもよさがあることに目を向けることができる教材となっている。

　この教材を使って、よさについて考えることもできれば、自分たちのよさを見つける体験的な学習も仕組むことができる。

ともだち

本が　すきな　ともだち
おはなしが　じょうずな　ともだち
うんどうが　とくいな　ともだち
すすんで　しごとを　する　ともだち
だれにでも　しんせつな　ともだち
にこにこして　いる　ともだち
あわてんぼうな　ともだち
のんびりして　いる　ともだち
おこりっぽい　ともだち

いろいろな　ともだちが　います。
ひとりひとり　ちがうけれど、みんな　ともだちです。
わたしは、どんな　ともだちに　なろうかな。

（出典：『しょうがくどうとく　こころつないで　1』教育出版）

---

3 ねらい

◎自分らしさに気付き、自分を輝かせようとする。
　＊自分には、好きなことや得意なことがあるという「自分らしさ」に気付く。
　＊「自分らしさ」は、特徴であり、自分を輝かせるもとになることがわかる。
　＊自分の特徴をたくさん見つけて、自分の特長にできるように自分を輝かせようとする意欲をもつ。

● 授業展開例2 自分の特徴に気付く心

4 指導案

学習活動（○…主な発問）	指導上の留意点
(1) 友達のよいところを見つける活動をする。 　○みなさんのまわりには、どんなすてきな友達がいますか。 　○どうして、すてきな友達をたくさん見つけることができたのでしょうか。	☆「友達のよさ」について考え、そのわけも考えさせる。 ☆教材から考えるべきテーマを子どもたちと見つけ出す。
テーマ「自分のよいところを見つけてみよう」	
(2) 『ともだち』を読み、自分のよさを見つける。 　○自分には、どんなよいところがありますか。 (3) 学級全体で「よさ見つけ」活動を行う。 　○自分のよいところを、友達に教えてもらいましょう。 (4) 自分のよいところをまとめて、発表する。	☆読んだ感想や自分のよさについてペアで簡単に交流させる。 ☆ワークシートに、自分のよさを見つけさせ、書かせる。 ☆インタビュー形式で、たくさんの友達からよさを見つけてもらい、ワークシートに書いてもらう。 ☆ワークシートを活用し、自分のよさについて話せるようにする。

5 アクティブ・ラーニングのポイント

- 友達のよさがたくさん見つけられるように、**事前に調べ学習をしておいてもよい**。
- 友達のよさが見つけられないときには、それぞれの好きなことや得意なことを調べておき、掲示できるようにしておいてもよい。
- 学級経営をよりよくするための実践であることを意識して、**体験的な活動**の時間を多くとる。
- 資料を読んで、自分の特徴に気付くことができるように、**ペアで意見を交流**させてもよい。
- ワークシートを活用して、自分の特徴に気付かせて、自己肯定感を高め、**自分のよさについて、自分で話せるようにしたい**。

6 板書

いいとこいっぱい

じぶんの よさを みつけましょう。

ともだちの よさを みつけましょう。

- ○○くん…げんきに あいさつする
- ○○さん…えが じょうず

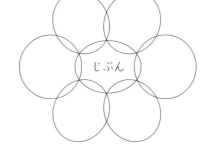

どうして、よさが わかるの？

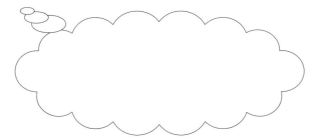

● 授業展開例2　自分の特徴に気付く心

7　ワークシート

ともだちの　よいところを　みつけてみよう!!

ともだちのなまえ	よ　い　と　こ　ろ

じぶんの　よいところは？
ともだちにも　かいてもらおう!!

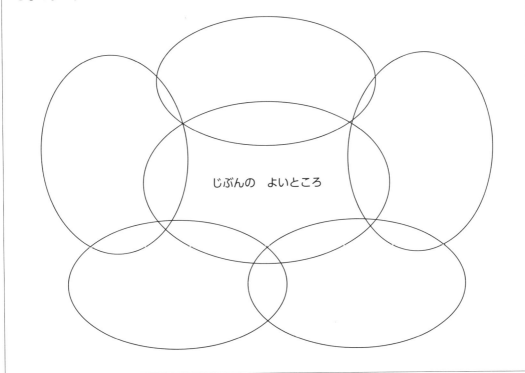

8　子どものすがた

T：みなさんは、友達のよさが言えますか？
C：はーい。○○くんは、いつも元気いっぱいで「おはよう」と言ってくれます。
C：○○さんは、絵がとても上手で、いつもわたしにプレゼントしてくれます。
C：○○くんは、ドッジボールがとても上手です。
C：○○さんは、とてもやさしいです。いつも声をかけてくれます。
T：どうしてみんなは、友達のよいところを見つけられるの？
C：いつもいっしょにいるから。
C：だって、わかるもん。
C：いいところがいっぱいあるよ。
C：そうそう、いいところって必ずあるよ。
T：自分にもありそう？
C：あるかな？
C：あるよ。ぼくは幼稚園の時から水泳を習っているから泳ぐのが得意。
C：わたしは、3歳からピアノを習っているわ。ピアノ大好き。

子どもの日記より

> 　ぼくは、よいところが ありますかと せんせいにきかれて あまりわかりませんでした。
> 　でも、みんなが ぼくのプリントに たくさん よいところをかいてくれて とてもうれしかったです。とくに ほのかさんが いつもがんばって そうじしているから がんばりやさんと かいてくれて うれしかったです。
> 　じぶんでは あまりがんばるひとではないと おもっていたけど おかあさんにも 「がんばるこだよ」 といわれて うれしかったです。
> 　じぶんの よさが たくさん みつかって よかったです。プリントに じぶんの はなが さいたようでした。

授業展開例 3

2年　友達と仲よく、助け合う心

指導法の工夫：役割と学校 ｜ 問題解決的な学習

1　内容項目「10　信頼、友情」について

〔第1学年及び第2学年〕
友達と仲よくし、助け合うこと。
〔第3学年及び第4学年〕
友達と互いに理解し、信頼し、助け合うこと。
〔第5学年及び第6学年〕
友達と互いに信頼し、学び合って友情を深め、異性についても理解しながら、人間関係を築いていくこと。
〔中学校〕
友情の尊さを理解して心から信頼できる友達をもち、互いに励まし合い、高め合うとともに、異性についての理解を深め、悩みや葛藤も経験しながら人間関係を深めていくこと。

内容項目の考え方（2年）

　子どもたちは、友達と仲よくしたいと思っている。この自然な営みは、友達といっしょに遊んだり学んだりする活動を通して、互いに理解し合えるというすばらしい生き方にある。この互いの理解をもとに信頼が構築されるのである。
　普段の生活から子どもたちは、大人以上に友達と仲よくしたいと思っている。そこには、友達と仲よく生きていきたいという願望と、友達との関係を深めたいという子どもらしいすてきな願望がある。この量的・質的願望こそが、子どもたちの「よりよく生きる」もとである。そして、このような願望が自分の中にあることを自覚させることが大切であり、ここで教師の指導性が必要なのである。

2 教材『およげない　りすさん』について

　『およげない　りすさん』は、『わたしたちの道徳』にも掲載されていた定番教材である。あらすじは、以下のとおりである。
　①池のほとりで、あひる、かめ、白鳥が、池の中の島で遊ぶ相談をする。
　②そこに、りすが遊びにくるが、泳げないことを理由に仲間はずれになる。
　③りす以外のみんなは、島へ渡り遊びだすが、りすがいないので楽しくない。
　④次の日、りすを島へ連れていくため、かめの背中に乗せ、みんなで島へ行く。
　このお話では、りすと仲よくしたい気持ち、りすを助けようとする気持ちを考えることができる。
　まず、考えたいことは、りすがいない遊びが楽しくない理由である。あひる、かめ、白鳥は、島にある楽しい遊具で楽しそうに遊びだすが、そのうちに、りすがいないさみしさを感じ始める。心の中にぽっかりと穴があく状態である。それは、りすと他の動物たちが友達だからである。心のつながった友達なのである。
　次に考えたいことは、りすもいっしょに島へ行くために考え、行動した理由である。りすといっしょに遊ぶためには、りすを助けないといけない。そのために自分たちにできることを考えるのが、助け合える友達なのである。
　このような心の動きが、友情を深める信頼関係を育む力となる。

3　ねらい

◎友達関係を深めるには、友達と仲よくすることが大切であることがわかり、そのように思う自分とその思いに共感してくれる友達と助け合い、ともに生きていこうとする。
　＊友達は、喜怒哀楽をともに共感できる存在であり、困った時に助けてくれる存在であることがわかる。
　＊自分にも、たくさんの友達がいて、互いに相手のことを考えて、思い合い、助け合うために行動しようとする心があることに気付く。
　＊これからの生活の中でも、心を通わせることのできる本当の友達を増やしていきたいという意欲をもつ。

4　指導案

学習活動（○…主な発問）	指導上の留意点
(1)「友達」について考える。 　○友達だからできることには何があるでしょうか。 　　・助け合える。　　・言い合える（相談できる） 　　・けんかする。　　・仲直りもできる。	☆「友達だからできること」について問う。 ☆道徳ノートに自分の考えを書かせる。 ☆どうして、できることがたくさんあるのだろうか。
(2)『およげない　りすさん』を読み、場面に応じて役割演技をして、話し合わせる。 〔前半〕 ○りすさんがいないと、どうして楽しくないのでしょうか。それぞれの役になって考えましょう。 ○ひとりぼっちのりすさん役もつくってみましょう。 ○どうすれば、よいと思いますか。 　・仲直りをはじめ、りすさんを助ける方法を考える。 〔後半〕 ○4人は、これからどのように遊ぶでしょうか。 　・話の続きを考えさせることで、友達と仲よく助け合うことを感じ取る。	☆前半と後半場面を分けて、役割演技をさせる。 ☆あひる役、かめ役、白鳥役を決めて、りすさんがいなくてさみしい気持ち、仲よくしたい気持ちを考えさせる。 ☆ひとりぼっちになったりす役もつくり、りすのさみしい気持ちも考えさせる。 ☆りすさんの気持ちを考えたうえで、いろいろな解決策を考え、最もよい方法（最善策）を議論させる。 ☆話の続きをつくり、島に行った後の4人のやりとりを考えさせ、助け合う喜びを考えさせる。
(3) 友達だからできることは、自分にできるかどうか考える。 　○友達だからできることは何か。	☆導入と同じ発問をして、新たに発見したことをつけ加える。
(4) 友達に対してこれから自分にできることを、まとめさせる。	☆今の自分たちの友達関係を振り返り、これからの生き方につなげていけるようにする。

5　アクティブ・ラーニングのポイント

- 教材を前半と後半に分けて、それぞれに**役割演技**を行うことで、子どもたちが主体的に学ぶことができる。
- **続きの新しい場面**をつくり、役割演技を通して再現し、友達関係の理想的なありようを**主体的に考え、議論**する。
- 「友達だからできること」を導入と終末に聞き、深く学んだことで**理解できたことを実感**させ、自己評価させる。

6　板書

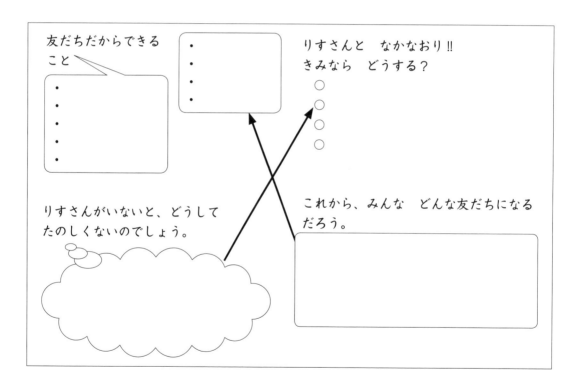

板書の工夫

- りすがいなくてさみしい理由を考えて、りすを思う気持ちや仲直りの方法を考えさせる。
- りすさんとの関係改善のために、自分のできることを考え、最善の改善策を話し合わせる。
- 「友達だからできること」を最初と最後に聞き、板書に整理することで、学びを実感させる。

7　ワークシート

友だちだからできることを　たくさん書きましょう!!

じゅぎょうのおわりにも書きたしてみましょう。

どうして楽しくないのでしょうか？

これから、どんな友だちになると思いますか？

8 子どものすがた

T：友達だからできることは、何でしょうか？
C：いっしょに遊ぶ。
C：相談できる。
C：けんかするかな。でも、仲直りする。
　　―たくさん発言させる。―
T：どうして、そんなにできることがあるのかな？　考えてみましょう。
　　―資料『およげない　りすさん』の前半を読む。―
T：あひるさん、かめさん、白鳥さんは、なぜ楽しくないのかな？　やってみましょう。ひとりぼっちになったりすさんも、やってもらいます。
　　―それぞれの役割に分かれて、演じてもらう。―
T：みんな、とても上手でしたね。では、どんな気持ちなのかな？
C：りすさんがいないと、心にぽっかりと穴があいたようになって、さみしいと思う。
C：りすさんといつも仲よく遊べているから、いなくなるだけでさみしいのだと思う。
C：（りすさん）みんなと遊びたかったのに、ひとりでさみしいと思う。泣いてるかも。
T：では、りすさんと仲直りするために、自分たちだったらどうしますか？
C：すぐにあやまって、仲直りをして、別の場所で遊ぶようにする。
C：りすさんに、ごめんねと言って、みんなで仲よく遊ぶ。
　　―ペアやグループで解決策をまとめ、学級全体で最善策を議論する。―
T：これで、りすさんも楽しく遊べそうですね。これからのこの4人はどんな友達になるか、お話の続きを考えてやってみましょう。
C：これから4人は、いつどんな時もいっしょにいて、本当の友達になると思う。
C：どんな時でも、いっしょにいて、誰かが困っていたら絶対助け合えると思う。
C：4人は、もっともっと仲よくなって、心がつながっている友達になると思う。
T：最後に、また同じことを聞きます。友達だからできることは、何でしょう？
C：友達だから、本当に助け合えるし、いつもいっしょに遊んだり、学んだりできる。
C：友達だから、けんかしても、仲直りできるし、そうやって、どんどん仲が深まる。
C：友達だから、お互いに思いやって、助け合い、信じ合って生きていける。

授業展開例 4

2年　素直に伸び伸びと生きる心

指導法の工夫：役割と演技

1　内容項目「2　正直、誠実」について

〔第1学年及び第2学年〕
うそをついたりごまかしをしたりしないで、素直に伸び伸びと生活すること。
〔第3学年及び第4学年〕
過ちは素直に改め、正直に明るい心で生活すること。
〔第5学年及び第6学年〕
誠実に、明るい心で生活すること。
〔中学校〕
自律の精神を重んじ、自主的に考え、判断し、誠実に実行してその結果に責任をもつこと。

内容項目の考え方（2年）

　「正直者が馬鹿をみる」という言葉をよく耳にする。正直な行いが、馬鹿にされるとしたら、それは悲しいことである。「正直」とは何か。それは、正しいことにまっすぐに生きることである。そもそも人はうそをつく生き物だから、正直に生きていくことに難しさを感じるのであろう。でも、正しいことにまっすぐに生きている人は、さわやかに堂々と生きている。そんなすてきな生き方は、馬鹿をみているとはとうてい思えない。正直者は、馬鹿はみない。正直者は、明るい未来をみているのである。だから、正直に生きることのすばらしさを子どもが学ぶことは意義深いのである。ついつい簡単にうそをついてしまう発達段階にある低学年の子どもたちにとって、正直のよさ（伸び伸びと明るく生きていけること）を学ぶことが、ここでの大きなねらいである。

2　教材『金のおの』について

　『金のおの』は、定番教材であり、イソップ寓話のひとつである。低学年の子どもたちにもわかりやすく、全国で数々の授業実践が展開されている。
　あらすじは、以下のとおりである。
　①きこりが、自分の大切な斧を池（川・湖）に落とす。
　②そこに、女神が現れ、落としたのは、金の斧かと聞く。次に銀の斧かと問う。
　③最後に、鉄の斧（きこりの斧）かを聞き、きこりは、自分のものだと答える。
　④女神は、すべての斧をきこりに渡す。
　⑤隣りの村のきこりも同じことをするが、金の斧が自分のものだと言ってしまい、落とした自分の斧も戻らない。
　このお話は、二人のきこりを比較すれば、正しい行いが容易に考えられる。正直にすれば得をし、うそをつけば損をする。イソップ寓話らしい教訓話である。道徳の時間においては、うそをつくとよくないと教えるのではない。また、正直にすれば得をすると教えるのではない。正直に生きれば徳を積むのである。つまり、正直な人は、素直で明るい生き方ができるということを学ばせるのである。

3　ねらい

◎うそをついたりごまかしたりしないで、いつも明るい心で正直に行動しようとする。
　＊正直に行動した人の行いにふれて、自分にもそのような心があることに気付く。
　＊うそをついたりごまかしたりすることはよくないことであり、自分の心も相手の心も暗くなることがわかる。
　＊正直にすることにより、いつも明るく素直に生きていけることがわかる。
　＊正しいと思う自分の心に偽りなく、素直に伸び伸びと生活しようとする。

4　指導案

学習活動（○…主な発問）	指導上の留意点
(1)「正直」について考える。 　※日記などを用いて「正直」のよさを考える。	☆普段の生活の中にある問題（問い）を想起させる。
テーマ「正直に行動すると何がよいのか考えてみよう」	
(2)『金のおの』を読んで考える。 　○二人のきこりの違いは、何だろう。 　○はじめのきこりの気持ちになるために、きこりになりきって考えよう。 　（インタビューの答え） 　①②ちがいます。 　③そうです。それが私の斧です。 　④正しいからです。 　⑤すっきりしています。	☆正直な姿とそうでない姿を比べて考えさせる。 ☆教師が女神役になり、きこり役になった児童に、次の順番でインタビュー形式で気持ちを聞く。 　①あなたの落とした斧は、この金の斧ですか。 　②では、この銀の斧ですか。 　③それでは、この鉄の斧ですか。 　④どうして正直に答えたのですか。 　⑤今の気持ちはどんな気持ちですか。
(3)「正直」とは何かを考える。 　○正直にするとどうなるのだろう。 　・いいことがある。得をする。 　・得するだけではない。 　・自分の心がすっきりする。	☆「正直」がもつ生き方について考える。 　※正直にすれば得をするという考えから深めさせる。 　※単純に「得」でもよいが、話し合う過程を経て「徳」であることを感じ取らせたい。（質的転換）
(4)「正直」について自分の考えを書く。	☆書く活動を通して、自分を見つめさせる。 　※書く活動の時間をたっぷりとる。
(5)「正直だと○○になれる」を考える。	☆「正直」についての自分なりの考えを確立させ、生活の中で使えるキーワードをつくらせる。

5　アクティブ・ラーニングのポイント

- 導入では、「正直」とは何かという**「問い」をもたせる**ために、日記やことわざなど（「正直者が馬鹿をみる」「正直は一生の宝」「馬鹿正直」など）を用いて学習意欲を喚起する。
- 展開では、正直者のきこりの役になりきらせ、正直になる気持ちを共感させる。その際、きこりは女神に**どうして正直に言ったのかを主体的に考える**。
- 展開後段では、「正直」とは何かという2年生らしい答えを見つけ出すために、話し合わせる（議論する）。
- 終末では、正直にするよさ、正直になるよさを、**人間の生き方というマクロな視点から考えさせ**、授業のまとめとする。**短い言葉でまとめさせる**ことにより、今後の生き方へつなげるようにする。

6　板書

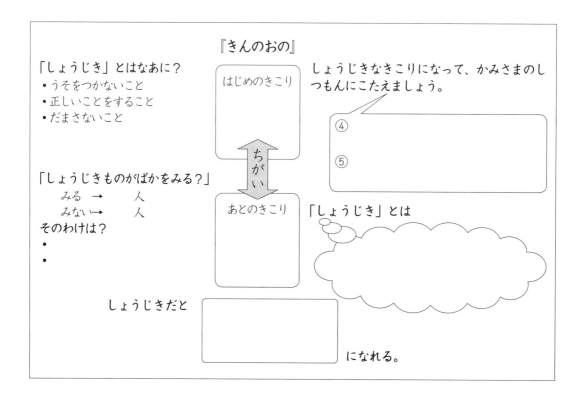

● 授業展開例4　素直に伸び伸びと生きる心

7　ワークシート

ふたりのきこりのちがいをかんがえよう。なにがちがうのだろう？

| はじめのきこりは、どんな人？ | ⇔ | あとのきこりは、どんな人？ |

はじめのきこりになって、かみさまのしつもんにこたえてみよう。

①あなたがおとしたのは、金のおのですか？

②では、このぎんのおのですか？

③それでは、このてつのおのですか？

④どうしてしょうじきに、こたえたのですか？

⑤しょうじきにこたえて、どんなきもちですか？

→

①
②
③
④
⑤

○しょうじきにするとなにがいいの？

まとめてみよう‼

しょうじきだと　　　　　　　　　　　　　　　　　　　　　になれる。

8　子どものすがた

T：正直とは何だと思いますか？　どういうことを正直というのかな？
C：よくわかりません。　C：うそをつかないこと？　C：正しいことを言うこと？
T：「正直者が馬鹿をみる」ということわざを知っていますか？
C：知っている。　C：知らない。…
T：そう思う人？　思わない人？　わからない人？

　　　思う人・・・・・・・9人
　　　思わない人・・・・・7人
　　　わからない人・・・22人
　　　（平成24年 2年2組　在籍38名）

　　—挙手してもらい、自分の立場をはっきりさせる。—
T：わけが言える人？
　　—数人の児童にわけを発言させる。—
T：わからない人が多いので、資料を読もう。
　　—『金のおの』を読む。—
T：二人のきこりの違いは？
C：最初のきこりは正直だけど、後のきこりは、うそつき。うそつくと損する。
T：では、最初のきこりになって、神様の質問に答えてみて。きこりやってくれる人。
　　—役割演技で①〜⑤までの質問に答える。—
C：④の答え→正しいことだから。
C：④の答え→うそはつきたくないから。
C：⑤の答え→すっきりした。なぜかうれしい。
C：⑤の答え→とてもいい気持ちになった。
T：最初に聞いたことをもう一度聞くね。正直とは何でしょうか？
C：正しいと思うことを堂々と伝えること。
C：うそをつかないから、お互いにうれしい。
T：では、正直にすると何になれますか？
C：先生、正直にすると何ができるでもいいですか。
　　→右の表がまとめ（書いたもの）。

〈まとめ〉
　正直になれば○○になれる（できる）。
1．みんなの心すっきり
2．すっきりする。すっきりできる。
3．楽しくなれる。
4．やさしくなれる。
5．（心が）あたたかくなる。
6．友達できる。友達がたくさんできる。
7．元気になれる。元気がよくなる。
8．なかまがふえる。
9．なんでもできる。
10．明るくなれる。
11．仲よくなれる。仲よしになる。
12．心をひとつにできる。
13．たからものになる。
14．ゆかいになれる。
15．わきあいあいにスマイルになる。
16．毎日楽しくなる。
17．笑顔になれる。
18．仲直りできる。
19．いい気持ちになる。
20．いい思いになれる。
21．さわやかになる。
22．正しくなれる。
23．豊かになれる。
24．がんばれる。
25．心と気持ちと自分もすっきり
26．心がかがやく。
27．心の声が聞こえるようになる。
28．心がつながる。

授業展開例 5

3年　よく考えて行動し、節度のある心

指導法の工夫：問題解決的な学習　他の教育活動との連携

1　内容項目「3　節度、節制」について

〔第1学年及び第2学年〕
健康や安全に気を付け、物や金銭を大切にし、身の回りを整え、わがままをしないで、規則正しい生活をすること。
〔第3学年及び第4学年〕
自分でできることは自分でやり、安全に気を付け、よく考えて行動し、節度のある生活をすること。
〔第5学年及び第6学年〕
安全に気を付けることや、生活習慣の大切さについて理解し、自分の生活を見直し、節度を守り節制に心掛けること。
〔中学校〕
望ましい生活習慣を身に付け、心身の健康の増進を図り、節度を守り節制に心掛け、安全で調和のある生活をすること。

内容項目の考え方（3年）

　子どもたちは、いつかは人間的にひとり立ちする。その中で節度・節制は、人間らしい快適な生活をするために必要不可欠な要素である。なぜなら、節度・節制とは、自分の行動を自主的なものにする姿の現れだからである。節度・節制を自主的で自律的なものにするには、自分の生活を見直すことが大切である。つまり、今の自分の生活をよく考え見つめ直し、自分を高めようとする自主的な行動の積み重ねによって、少しずつ節度ある生活の重要性が理解され、生活習慣を身につけた生き方ができる。まさに、生きる基本といっても過言ではない内容項目である。

2　教材『ろばを売りに行く親子』について

『ろばを売りに行く親子』はイソップ寓話である。簡単なあらすじは以下のとおりである。

> 親子が、ろばを売りに行く。まず、ろばに乗らないなんておかしな親子であることを指摘される。そこで、子どもが乗る。しかし、親を歩かせる子どもが非難を受ける。次に、親が乗るが、子どもを歩かせる親が非難を受ける。そして、二人ともろばに乗るが、小さなろばに二人とも乗ることに非難を受ける。最後に、言われるがまま、ろばを二人で担ぐ。おかしな親子だと騒ぎになり、驚いたろばは、川に落ちてしまう。

この物語には、「他人の意見ばかり聞いて、主体性のない行動をとれば、時としてひどい目に遭うので気をつけよう」という教訓がこめられている。このような教訓を、子どもたちの生活の中にある身近な問題として考えさせるために、右のようなシミュレーションを授業の最後に行った。

> **授業の最後に行ったシミュレーション**
>
> 　生き物係として、がんばっています。今日もザリガニは元気です。えさをやっていると……。
> 　○○くんがきて、「もっとえさをあげなよ。」と言われたので、えさをどんどんあげてみました。するとみるみるうちに水がよごれて、くさくなってしまいました。
> 　○○さんからは、「水をかえないとザリガニが死んじゃうよ。」と言われました。だから、すぐに水かえをしました。でも、うまく水がかえられなくて、水そうをわってしまいました。
> 　水そうのかわりにバケツにザリガニを入れていると、
> 　○○くんから、「水、多すぎじゃないの？」と言われました。水を少なくするために水をながしていると、水といっしょにザリガニも、にげていってしまいました。
> 　みんなは、ザリガニがいなくなったことをとてもかなしみました。あなたは、どうしますか？

3　ねらい

◎主体性のある行動の大切さを知り、自分から生活を整えて、自立していこうとする。

* ＊自分のことをじっくり考えることは、主体性のある生活をするために身につけたい基本的な生活習慣であることに気付く。
* ＊自分にできることは、主体的な行動の積み重ねによって、身につけていく生活習慣であることがわかる。
* ＊自分の生活を客観的に見直し、自分から進んで生活習慣を身につけていこうとする。

4 指導案

学習活動（○…主な発問）	指導上の留意点
(1) 折り紙でプレゼントを作るときの問題を考える。	☆教師が子どもたちの言いなりになって折り紙を折って見せ、「節度」とは何かを考えさせる。
(2) 『ろばを売りに行く親子』を読む。 ○自分ならどうするか考える。 ・子どもが乗る。　・大人が乗る。 ・二人で乗る。　　・ろばを担ぐ。 ・いっしょに歩く。 ・（ろばを休ませながら）交代で乗る。	☆解決策を比べて考えることができるように、ワークシートに3つ以上、自分の考えを書かせる。
【ワークシート記入で気をつけること】 ○どうやるのかくわしく書く。 ○そうしたらどうなるのかも書く。	☆動機と結果が考察できるように発問し、ワークシートに記入させる。 ☆書く活動を通して、解決策を吟味させる（書く活動の時間をたっぷりとる）。
(3) グループで話し合いを行う。	☆書いたことを次の観点でグループ交流させる。 ・その方法がベストな解決策か。
(4) 学級全体で話し合い、解決策を考える。	☆学級全体での交流も、次の観点で話し合わせる。 ・その方法がベストな解決策か。
(5) この教材が言いたいことは何かを考える。	☆教材から教訓として何を学んだかを出し合い、「節度」とは何かを考える。
(6) シミュレーションをもう一度考える。	☆シミュレーションの最善策を考える時に、「節度」という価値から考えをつくりださせる。
(7) 「自分の○○をもって生活しよう」を考える。	☆他の問題場面でも解決策を転移できるように、自分なりのキーワードをつくって、実践へつなげる。

3時間目の学級活動へ

学級活動「どうとくかるたであそぼう」
　ねらい…「どうとくかるたを通して『節度』の意味を知り、1週間その価値を意識して生活することができる。」
　　　※道徳の時間で意識の高まった「節度」について、1週間という長いスパンの中で、実践に結びついているか自己評価させて検証する。

5　アクティブ・ラーニングのポイント

- 導入で、「折り紙でプレゼントを作るときの失敗」（人の意見を聞きすぎて失敗した例）を教師が示し、子どもたち自らが、節度、節制について、考えたい、考えようとする学習意欲を喚起する。
- この話の**何が問題になっているか、どうすればよいかを考えさせ**、**問題や課題の発見・解決**に主体的に取り組ませる。
- グループでホワイトボードを使って話し合い、協働的に学び、「節度、節制」を**多面的、多角的に理解**させる。
- シミュレーションを準備し、**実生活につなげたり、学んだりする**。
- 次の道徳の時間や1週間の生活で「節度、節制」を意識する時間をつくり、自己評価させて、永続的な理解をさせる。

6　板書

板書の工夫

- ワークシートと同じように板書して、自分（たち）の考えをまとめやすくする。
- 何が問題なのか明らかになるように板書し、絵や図を利用する。
- グループでまとめたホワイトボードなども貼り、多面的・多角的な考えが認められるようにする。
- 節度、節制についての自分の意見をしっかりまとめられるように、短いキーワードにしたり、図や絵に表現したりする。

7 ワークシート

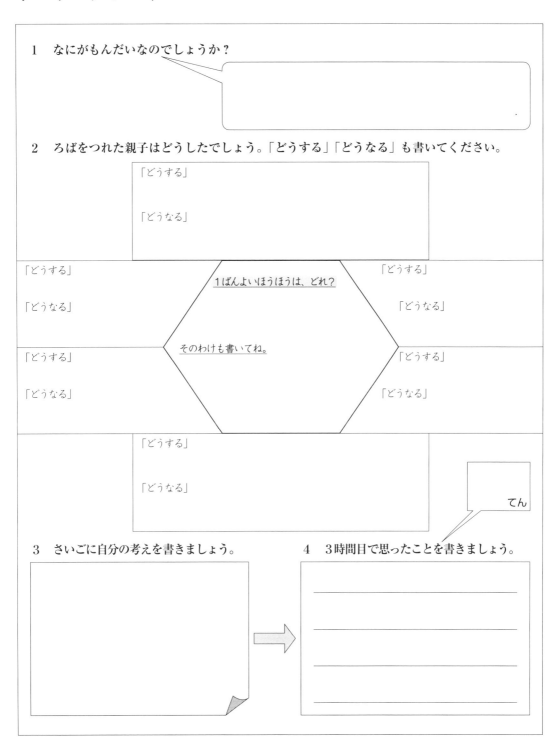

8　子どものすがた

T：折り紙でプレゼントを作ります。何がいい？
C：はこ　C：つる　C：しゅりけん
　　―いろいろなことを好き好きに言う。―
T：（子どもたちに言われるままに折ってぐちゃぐちゃになった折り紙を見せて）私がだめなところはどこでしょう？
C：みんなの意見をいっぱい聞きすぎて、まとめられない。
T：では、どうすればよかったのだろう？
　　―資料『ろばを売りに行く親子』を読む。―
T：このお話のどこが問題ですか？
C：さっきの先生と同じで、意見を聞きすぎて、そのとおりにして失敗している。
　　―子どもたちから出された意見を整理し、板書にまとめる。―
T：自分がろば売りの親子だったらどうしますか？　ヒント。どうしたら誰も疲れないかな？
　　――人で考えてプリントにまとめた後、グループで話し合い、それぞれ発表する。―
C：ろばといっしょに休みながら行く。　C：何日もかけて行けばいい。
C：仲間をふやす。　C：交代でろばに乗る。　C：たくさんの人に手伝ってもらう。
　　―各班で話し合って記入したホワイトボードを黒板に貼ってもらう。―
T：みんなの意見をまとめよう。
C：いろんな人に手伝ってもらって、交互に休みながら、売りに行く。
T：このお話が伝えたいことは何かな？　イソップさんが伝えたいことは何かな？
C：みんなの意見を聞きながら、自分の意見を決める。
C：自分の意見と相手の意見を合わせて考えるとよい。
C：みんなの意見も聞きながら、自分の考えをもたないといけない。
C：半分半分じゃないといけない。
T：半分半分って何？　どういうこと？
C：最初の折り紙の時のように、半分じゃないとわからなくなる。
T：最後に「自分の（に）○○をもって生活しよう」を書いてください。
C：自分がもっている力と相談しながら生活する。
C：半分半分を分ける心の線が大切で、人の意見を聞きすぎてはいけない。

> 授業展開例 **6**

4年　美しいものに感動する心

指導法の工夫：**協働的な学び**　**言語活動の充実**

1　内容項目「21　感動、畏敬の念」について

〔第1学年及び第2学年〕
美しいものに触れ、すがすがしい心をもつこと。
〔第3学年及び第4学年〕
美しいものや気高いものに感動する心をもつこと。
〔第5学年及び第6学年〕
美しいものや気高いものに感動する心や人間の力を超えたものに対する畏敬の念をもつこと。
〔中学校〕
美しいものや気高いものに感動する心をもち、人間の力を超えたものに対する畏敬の念を深めること。

内容項目の考え方（4年）

　4年生になると、ずいぶん心が豊かになる。年齢的には、10歳。半分大人として、$\frac{1}{2}$成人式などを行事として実践している学校も多い。このような時期の子どもたちは、自然や絵画、音楽など美しいものや、人の心や生き物の行動を含めた気高さなどにも気付くようになっている。それは、美しいものや気高いものに対して、自分とかけ離れた世界観が、自分の心の中にあることを自覚できるからである。10歳に至るまでの幼児期の体験において無意識に蓄積された、美しいものや気高いものに感動する心がベースとなり、感動できる心を醸成させる。感動とは、心が大きく動くことであり、これからの人生において大切な情緒的側面である。

2　教材『花さき山』について

　『花さき山』は、多数の副読本にも掲載されている有名な定番教材である。

　10歳の子どもであるあやは、山道で迷い、山の奥で出会った「山ンば」から、一面に咲く美しい花の秘密を教えられる。それは、村の人間が、優しいことを一つすると、一つ咲く花。そこには昨日、あやが小さい妹のために泣く泣くお祭りの晴れ着を諦めた時に咲いた美しい花もあった。

　山ンばは、自分のことより、人のことを思うやさしさと、けなげさが、こうして花になって咲くことを伝える。

　人を思いやることや、やさしさをもって辛抱するということは、決して見返りを求めることや、単に自己犠牲を払うことではない。そこが、この話の気高さであり、感動するところである。

　子どもたち一人ひとりが、自分の心の中にある「花さき山」に美しい一輪の花を咲かせることを、この授業の最終的なねらいとしたい。

3　ねらい

◎人の心の美しさや気高さに素直に感動し、自分もそのような心をもとうとする。
　＊『花さき山』を読んで、感動することができる。
　＊他者のために我慢するのは、自己犠牲ではなく、他者の喜びを自分の喜びとする心の美しさから発していることがわかる。
　＊他者の喜びを自分の喜びとする美しい心が、自分にもあることを知り、それが気高さにつながっていることを感じ取ることができる。
　＊自分の心の美しさを大切にして、自分のこれからの生き方につなげていく意欲をもつ。

● 授業展開例6 美しいものに感動する心

4 指導案

学習活動（○…主な発問）	指導上の留意点
(1)「美しいもの」について考える。	☆「美しいものとは○○」という問題を提示する。 ☆問題の提示により、教材を読む必然性を生むようにしたい。
(2)『花さき山』を読んで、「美しいもの」について話し合う。	☆教材から考えるべきテーマを子どもたちと見つけ出す。
テーマ「どうして人は美しいものに感動するのだろうか」	
(3) テーマについて考える。 ○花さき山を見た時、あやはどう思ったのでしょうか。 ○自分がさかせた花を見て、あやはどう思ったのでしょうか。 ○他の花も見て、あやはどう思いましたか。	☆難しいテーマなので、主人公の気持ちを考えさせながら、テーマに迫りたい。 ☆3つの発問を準備し、学級の実態やその時の授業の流れなどで発問も変化させたい。
(4)「美しい心とは何か」を考え、ワークシートなどに書き、その心について話し合わせる。	☆ワークシートなどに書いたものを、黒板などに自由に書かせることで、情緒的な側面をしっかりと育みたい。
(5) 自分の生き方へつなげる。 ○花さき山に花をさかせられる人は、どんな人でしょうか。	☆花をさかせることのできる人を考えることで、自分の生き方へつなげて考えさせることができるようにする。
(6) まとめたものを発表させる。	☆自分の考えをまとめることで、今後の生活に働く力となるようにする。

5　アクティブ・ラーニングのポイント

- テーマ（問い）は、子どもたちの**「考えてみたい」という主体性**を大切にする。
- **心情を問う（気持ちを聞く）発問**は、どの子どもも授業に参加し、議論できるように、学級の実態に合わせていくつか準備しておく。
- 問いに基づく**「美しいもの」**について議論し、協働的な学びへ発展させていく。また、どうして人は美しいものに感動するのかという価値の創造へつなげていく。
- ワークシートや黒板などに**書かせる（言語）活動**を多くして、自分の考えをつくり、つくり変え、つくり続けて、深く学ばせる。

6　板書

板書の工夫

- 縦書きでも横書きでも、子どもたちの実態に合わせて、柔軟に考える。
- 1時間で板書がいっぱいになりそうな場合は、補助板書も準備しておく（右写真）。
- 板書は、子どもたちの表出場所として開放し、自分の考えを発表する場所とする。

● 授業展開例6　美しいものに感動する心

7　ワークシート

美しいものとは何ですか。たくさん書いてみましょう。

『花さき山』を読んで考えたことを書いてみましょう。

○花さき山を見た時に、あやはどう思ったのだろう。	○自分がさかせた花を見て、あやはどう思ったのだろう。

どうして人は美しいものに感動するのだろう？　わけを書いてみましょう。

※みんなと話し合ってわかったこともつけくわえて書いてみましょう。

8　子どものすがた

　実際の授業のようすは次のようなものだった。
T：美しいものって何でしょうか。
C：夜空　C：宇宙　C：輝くもの　C：夢
C：愛　C：人生　C：人の心　……
T：人の心は美しいの？
C：そうだよ。
T：どうして？
C：え…。よくわからないな。
C：よくわからないけど、美しいものに感動するよね。
C：どうして、美しいものに感動するのだろうね…。
　　――このような問いができれば、教材『花さき山』を読んで考えようとする。――

①「花さき山を見た時、あやはどう思ったか。」
　・花がきれい。　・花は美しい。
　・いろいろな花がさいてきれい。
　・花によって雰囲気が違う。
②「自分がさかせた花を見て、あやはどう思ったか。」
　・自分もいいことをしてたくさんさかせたいな。
　☆いいことは美しいのだな。
　☆人の心は、花のように美しい。
　☆いいこと→うれしい→美しい。
③「他の花を見て、あやはどう思ったか。」
　・ほかの人もいいことをしているな。
　・こんなにやさしさがある。
　・みんなやさしい心をもっているな。
　☆花の美しさは心の美しさ
　☆美しい心をもつことは大切

最後にワークシート（道徳ノート）に書いたまとめ

○花さき山に花をさかせられる人は、どんな人か。
○これからどう生きるのかを考え、まとめましょう。

・仲間のことを思いやり、助け合って、お互いの心を輝かせながら生きていきたい。
・何にでも、思いやりをもてる人。人に何かできる人。いのちを大切にできる人。
・美しい心をもちながら生きていく。
・これからみんなや自然にやさしくして生きていきたい。
・心がやさしい大人になっていきたい。
・やさしく美しい心をもって生きていきたい。
・美しい心をもつことで、人や動物を助ける（思いやる）気持ちがめばえる。

子どもの日記と保護者のコメント

道徳の授業
　今日は、道徳の授業がありました。○○○○って美しいというお題でした。みんなは、花さき山を読む前だったので、空が美しいとかけしきが美しいとか言っていました。ぼくは、けしきが美しいのはあっているけれど、その人の心が美しいからけしきが美しいのではないかと思いました。花さき山も人の心が美しいから美しい花がさくのではないかと思いました。
　なぜなら、心が美しい人がいいことをするときれいな花がさくからです。
　同じように、村をまもるために海に入って死んでしまった山男や山火事をふせぐために自分がおおいかぶさって死んでしまった山男の話も心が美しい人がした「行い」だと思いました。
　道徳の授業で人の心の中を深く知る経験ができて楽しいなと思います。

保護者のコメント
　もともと人は美しいものが大好きで、常に心の中で求めているからではないでしょうか。とは言っても、生活の中で美しいものを常に感じているわけではありません。
　見方を変えれば違うかもしれませんが、その求めている美しさと実際、であったときに人は感動するのだと思います。
　たとえば、自分が困っているときは、手をさしのべてくれたやさしさ、美しい心に感動します。
　また、私のように都会に住む人々は、美しい大自然に感動しますし、逆に大自然の中で過ごす人は都会の景色におどろくと思うし、中には感動する人もいると思うのです。
　ひとつだけいえることは、美しいものに必ず人はよってきます。見た目の美しさだけではありません。
　心の美しさが重要です。

| 授業展開例 7 |

4年　礼儀を大切にする心

指導法の工夫：**スキルトレーニング**

1　内容項目「9　礼儀」について

〔第1学年及び第2学年〕
気持ちのよい挨拶、言葉遣い、動作などに心掛けて、明るく接すること。
〔第3学年及び第4学年〕
礼儀の大切さを知り、誰に対しても真心をもって接すること。
〔第5学年及び第6学年〕
時と場をわきまえて、礼儀正しく真心をもって接すること。
〔中学校〕
礼儀の意義を理解し、時と場に応じた適切な言動をとること。

内容項目の考え方（4年）

　社会生活を営むうえで最も基本的な生活習慣があいさつである。相手に対して、状況をわきまえて礼儀正しく行うことで、よい人間関係を築いていける。心をこめたあいさつとは、人への心遣い、思いやり、真心のあるあいさつである。そのあいさつは、時・所・対人関係における自分の位置をわきまえた融通性のある自然な振る舞いとなり、見る人の目に美しく映る。そのようなあいさつは、人の心と心を結ぶ大きな架け橋となる。4年生の児童は、活動的で伸び伸びと学校生活を過ごしている。気心の知れた親しい友達や教師との間では、相手の気持ちを理解して、自ら気軽にしっかりと挨拶ができ、豊かな人間関係を築くことができている。しかし、学校のお客様や地域で出会う人々に対しては、挨拶できないことがある。挨拶する必要があることはわかっていても、相手を尊重して真心をこめてかたちにして表現することができないことがある。そこで、相手の気持ちを思いやるだけでなく、かたちとして礼儀正しく挨拶することが大事であることを理解し、心とかたちが一体化した礼儀のあり方を考え、誰にでも真心のこもった挨拶ができるようにし、習慣となるようにしたい。

2 教材『あいさつでつながる』(自作教材) について

教材の概要は、以下のとおりである。

> 4年生になって、みちおは挨拶は面倒だと感じるようになっていた。ある日、最近挨拶をしないみちおを、隣りのおじいちゃんが心配していることを聞く。次の日、思いきって挨拶をしたみちおに、おじいちゃんは「元気いいね。よかったよかった。」と笑顔で話しかけてくれた。みちおは照れくさかったけれど、とてもうれしくて、自然と笑顔になった。

みちおは、学校で取り組んでいる「挨拶運動」をきっかけに、自分の挨拶の仕方を振り返り、問題点に気付く。真心のこもった挨拶の大切さや、その挨拶によって人間関係が構築されていることに気付きはじめ、近所のおじいさんに、元気に挨拶をする。その姿に、おじいさんは大変喜び、互いに笑顔になる。身近な人の真心のこもった挨拶にふれ、自分も元気な挨拶をして気持ちのよさを感じる教材である。

3 ねらい

◎礼儀正しい挨拶の大切さを理解し、挨拶がなぜ大切なのかを考え、真心と笑顔で礼儀正しいあいさつができるようにする。
　＊挨拶が大事であり、進んで挨拶しようと考えている。
　＊場面に応じた挨拶の仕方について考えている。
　＊場面に応じた挨拶を行うことができる。
　＊お辞儀と言葉を組み合わせて挨拶ができる。
　＊挨拶の意味とお辞儀の仕方を理解する。

● 授業展開例7　礼儀を大切にする心

4　指導案

学習活動（○…主な発問）	指導上の留意点
(1)「挨拶」について考える。 ○「挨拶」は必要ですか。 ○いつ、どこで、どんな挨拶をしますか。	・挨拶の必要性を問いかけ、考えさせる。 ※挨拶の有無ややり方を振り返らせる。
テーマ「挨拶はどうして大切なのだろうか」	
(2)『あいさつでつながる』を読む。 ○どうしてみちおは変わったのだろう。 ○なぜ「挨拶」は大切なのだろう。 　・お互いに気持ちよく生活できるから。 　・心と心をつなぐから。 ○どのような挨拶がよい挨拶だろう。 　・「笑顔」でする挨拶 　・「大きな声」でする挨拶 　・「相手の顔を見て」する挨拶 　・「気持ちをこめて」する挨拶 　・相手の気持ちを考えてする挨拶　など	・「挨拶」がもっている力について考える。 ・書く活動を通して、「挨拶」についての大切さやその理由を考え、まとめさせる。 ・できれば4人一組で話し合う。 ・態度と実践力を結びつけさせる。 ※この4つが子どもから出てこない場合は、教師がヒントを出す。 礼の三息や草形・行形・真形などの礼法を教えることも大切にしたい。
(3) 地域のおじさん、おばさんに会ったことを想定して挨拶を演習する。 　二人一組になり役割演技（挨拶のスキルトレーニング）する。 　はじめは、教師が子どもとペアを組んでクラス全体に手本を示す。 　・子ども役「こんにちは。」 　・おじさん役「こんにちは。気持ちのよい挨拶だね。」 　・相手のことを考えた心のこもった挨拶の仕方を身につける。	・気持ちのよい挨拶ができたか確認する。 　ポイント①「笑顔」だったか。 　ポイント②「相手の顔」を見ていたか。 　ポイント③「気持ち」をこめていたか。 ・スキルトレーニングにより、行動化、習慣化を図る。
(4) 教師の説話を聞く。 　挨拶ができるようになったら、友達や知り合いが増えて人間関係が豊かになった。先生も低学年の頃は挨拶が苦手でした。でも、だんだん大きな声で自分から挨拶するようになったら、地域の人たちや学校を訪問する人たちとも親しくなれて、楽しくなれました。 　みんなも今日、考えた挨拶が、これからの生活でできるようになるといいですね。	・心のこもった「挨拶」ができるよさを伝える。

5　アクティブ・ラーニングのポイント

- 挨拶の有無を聞き、**自分の現状をはっきり理解する**ことで、「どうして挨拶が大切なのか」を**主体的に考える**。
- 教材を読み、**挨拶をすることの「ねうち」を考え、明らかにする**ことで、「**知っている**」**ことと「できる」ことを関連づける**ことができる。つまり、挨拶をする心とそれを表す姿を構造的に理解する。
- ２人〜４人のグループで、挨拶の**スキルトレーニング**をすることで、行動的側面を育成でき、**行動化・習慣化**を図ることができる。このような**行動的側面が、永続的な理解へつながっていることを実感する**。

6　板書

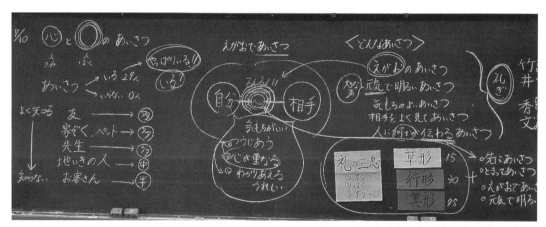

板書の工夫

- 挨拶に必要な心構えを学ぶ。その学びについては、構造的に板書する必要がある。
- 挨拶の意味がわかれば、その質も大切なことが理解できる。どのような挨拶がよいか具体的な挨拶の姿を発言させ、板書で整理する。
- 挨拶の種類や方法について具体的に板書して、スキルトレーニング時に振り返れるようにする。

7 ワークシート

あいさつについて考えよう

1　なぜあいさつは大事なのでしょうか。

2　どんなあいさつが、よいあいさつでしょうか。

3　これから自分のあいさつをどうしたいですか。

8　子どものすがた

　実際の授業のようすは、次のようなものだった。（一部省略）

T：挨拶は、いりますか？　いりませんか？　いる人。
C：（全員が挙手）
T：いらない人。
C：（誰も挙手しない。）
T：どうして、挨拶はいるのかな？　大切なのかな？
C：礼儀だから。　C：当たり前だから。　C：親や先生たちに言われるから。
C：大切な理由は、はっきりとわからないので、考えてみたい。
　　―『あいさつでつながる』を読んで、みんなで考え議論する。―
T：挨拶で何がつながるのだろうね。
C：心だと思う。
T：どうして心がつながるのだろうね。
C：通じ合えて、うれしいからじゃない。
C：心が重なるのだと思う。
C：たがいにわかり合えるからだと思う。

子どものノートより

- あいさつは、人とのかけ橋
- あいさつは、人を喜ばせる礼儀
- あいさつは、人と人をつなげていくもの
- あいさつは夢の言葉
- あいさつは、気持ちを伝える魔法の言葉
- あいさつでみんながしあわせになれる
- あいさつは気もちを短くして伝える言葉

子どもの日記

あいさつって何なんだ〜

　今日の道徳では、あいさつについて考えました。暗い顔であいさつされたら自分もくらーくなってしまいます。
　しかし、明るく元気に心をこめてあいさつをされると自分も明るく元気になることがわかって、おどろきました。また、あいさつには、草形・行形・真形があることにも、おどろきました。
　私は、あいさつは心と心をつなぐまほうの言葉のような気がします。それは、あいさつは、みんなを元気にする勇気のでる言葉だと思います。
　もうひとつあります。「あいさつ」という詩をつくってみました。

あいさつ

あいさつはみんなを　つなぐ　まほうのことば
あいさつは心と心を　つなぐ　ゆうきのことば
あいさつ　いいね
あいさつ　いいな
あいさつってさいこうだ。

付録DVD解説

4年『あいさつでつながる』（礼法の授業）

　道徳授業で挨拶を取り上げることは多い。従来の心情理解中心の授業であれば、読み物教材で主人公の気持ちを場面ごとに理解しながら、礼儀の大切さを理解することになる。ただし、こうした授業をしても、子どもたちが礼儀作法を実践すべき場では活用できないことが多い。

　竹井先生の授業では、導入で「挨拶はどうして大事なのだろう」と問うている。子どもたちも挨拶をする必要があることはわかっているし、それが大事であることもわかっている。しかし、それを日常生活で実践できないのは、その行動の理由を深く理解していないためであることを押さえ、あえて挨拶の意義を問うところから始めている。

　また、竹井先生は「どのような挨拶がよい挨拶か」も尋ねている。形だけの画一的な挨拶ではよい挨拶とはいえない。つまり、挨拶には時と場と状況に応じた仕方があることに気付かせようとしている。

　こうした挨拶の意義と仕方に対する答えが、授業の最後までに子どもたちから自発的に出てくることが目指されているのである。

　展開の前段では、教材『あいさつでつながる』を用いて「どうしてみちおは変わったのだろう」と問いかけ、挨拶の意義を深く考えさせている。そうしたみちおの立場も踏まえ「どのような挨拶がよい挨拶だろう」と問いかけ、4人一組のグループで考えている。教材の場面を考えながら、「相手の気持ちを考えてする挨拶」「笑顔で大きな声でする挨拶」「心と心が通い合う挨拶」など多様な意見がグループで出され、全体発表にもつながっていく。

　こうした読み物教材で礼儀作法の基本問題を考えた後で、さまざまな時間帯に、さまざまな場所で、さまざまな人たち（例えば、学校で朝早く先生に会った場合、近所で夕方に知り合いのおばさんに会った場合など）を考え、ペアになって練習している。これは読み物教材を通じて学んだことを発展させた応用問題を解いていることになる。

　授業の後半では、お辞儀をする際の呼吸法である「礼の三息」や、お辞儀の基本的な所作である「草形・行形・真形」を知識・技能として教えている。これは認知的側面と行動的側面を充実させるために有効である。ここでも子どもたちは、知識や技能を習うだけでなく、それを活用した挨拶をペアで練習している。

　このように多面的・多角的に挨拶や礼儀の大切さを考え実践することから、生きて働く道徳性を身につけていくのである。

　　　　　　　　　　　　　　　　　　　　　　　　　　　　　　　　　　　　　（柳沼）

| 授業展開例 8 |

5年　生命を尊重する心

指導法の工夫：複数時間扱い　教科横断的学習

1　内容項目「19　生命の尊さ」について

〔第1学年及び第2学年〕
生きることのすばらしさを知り、生命を大切にすること。
〔第3学年及び第4学年〕
生命の尊さを知り、生命あるものを大切にすること。
〔第5学年及び第6学年〕
生命が多くの生命のつながりの中にあるかけがえのないものであることを理解し、**生命を尊重**すること。
〔中学校〕
生命の尊重について、その連続性や有限性なども含めて理解し、かけがえのない生命を尊重すること。

内容項目の考え方（5年）

　生命は尊く、唯一無二のものであることは、子どもたちも知っていることである。1年生から6年生までの6年間、生命の尊さを学ぶうえで大切な視点は、関係性と連続性である。生命は、自分だけのものではない。多くの人によって支えられている。つまり一人の生命には、多くの生命が関わっていることを学ぶべきである。連続性は、本授業で使用した教材『自分の番　いのちのバトン』を読んでいただいてもわかるが、父母、祖父母、曾祖父母などから受け継いだ生命が、今、自分にあるということを感じ取り学ぶべきである。生命を学ぶ視点はいくつもあるが、関係性と連続性の2点を大切にして、長いスパンを考えながら、生命の尊さを学ぶことが大きなねらいである。自分の生命を輝かせて、未来に生きる力であることを実感させたいものである。

● 授業展開例8　生命を尊重する心

2　教材『自分の番　いのちのバトン』について

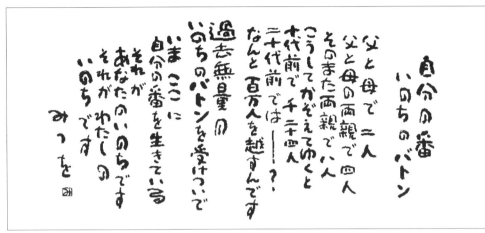

相田みつを著『しあわせはいつも』（文化出版局刊）より　© 相田みつを美術館

　『自分の番　いのちのバトン』は、相田みつを氏の詩である。

　5年生の子どもたちに、この詩から学ばせることは「生命の連続性」である。自分の生命は多くの先祖によって受け継がれてきたからこそ存在していることを学び、自分の生命を次世代へ引き渡していくこと、そしてこれからの自分の生き方、生命を大切にして生きることの意味を考えさせる必要がある。

　『自分の番　いのちのバトン』では、簡単な言葉で綴られている言葉の一つひとつの意味をじっくりと考え、自分の番である「生命」の重みを感じてほしい。生命の尊さとは、そんなに簡単に学べる内容項目ではない。だからこそ、時間をかけてじっくりと考え、議論する授業を展開できる教材となっている。

3　ねらい

◎自分の生命は、先祖からの命のリレーやたくさんの命の支えによって輝いていることがわかり、大切にしようとする。

＊自分の生命は、多くの先祖によって大切にされ、支えられていることがわかる。

＊自分の生命はかけがえのないものであり、自分にもそれを大切にしようとする心があることに気付く。

＊生命を大切にするということは、その生命を輝かせてよりよく生きるということであることを知り、意欲的に生きていこうとする。

4 指導案

学習活動（○…主な発問）	指導上の留意点
(1) いのちとは何かを考える。 　○いのちとは、何でしょうか。	☆「いのち」についての考えを再考させ、分類して掲示する。 ☆教材から考えるべきテーマを子どもたちと見つけ出す。
テーマ「いのちはどうして大切なのか考えてみよう」	
(2) 『自分の番 いのちのバトン』を読み、いのちがどうして大切なのかについて話し合う。	☆いのちが大切なわけをノート（ワークシート）に書き、自分の考えをまとめる。
(3) いのちを大切にして生きるとは、どのような生き方なのか考え、話し合う。 　○いのちを大切にして生きるとは、どのような生き方ですか。	☆いのちを大切にした生き方について話し合わせ、これからの生き方へつなげさせる。
(4) 学んだことを活かして、「いのち」というテーマで、詩を書いてまとめる。	☆それぞれの生命観を大切にした詩を創り、6年間の生命尊重のまとめとする。

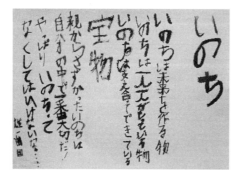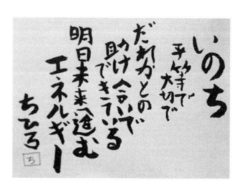

子どもたちの作品

5　アクティブ・ラーニングのポイント

- 「いのちはかけがえのないもの」ということを前提にして、その問いに基づく**自分の生き方を確立していけるように主体的に考える**。
- 生命尊重の学習は、1単位時間のみで学ぶよりも、**複数時間扱い**で学ぶと子どもたちが深く理解することができる（下図参照）。教科学習と**教科横断的学習**のバランスをしっかり図っていく。

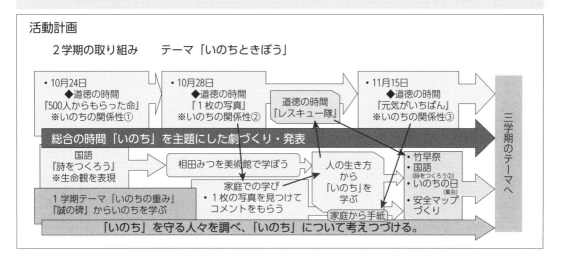

6　板書

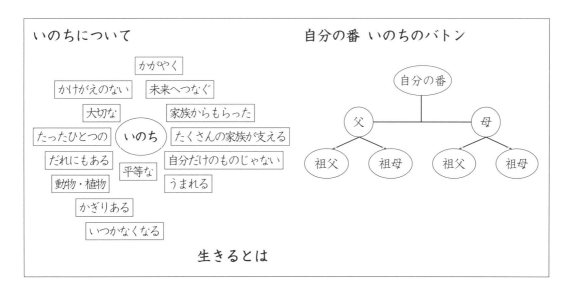

7 ワークシート

いのちとはなんでしょうか。

どうしていのちは大切なのでしょうか。

※みんなで話し合って書き加えていきましょう。

いのちの「詩」を書いてみましょう。

8　子どものすがた

T：いのちとは、何ですか？
C：大切。当たり前か…。誰にでもあるもの。
C：考えてみると難しいね。
C：お金では買えないもの。
C：みんなにあるもの。
C：親からもらったもの。
　　―たくさんの意見が出たら、観点ごとに整理して板書する。―
T：板書を見て、気がついたことありますか。
C：似ている意見にまとめています。
C：たくさんあるね。だからいのちは大切なんだ。
T：どうしていのちは大切だと思いますか。今までの意見をまとめながら話し合おう。
C：自分だけのものではない。
C：たくさんの人に支えられている。助け合っている。
C：家族から受け継いでいるものであり、自分もまた受け渡すもの。
C：いのちは、生命と書くから、いのちは、全力で生きていくエネルギーだと思う。
C：生きて働く力が「いのち」だと思う。だから、いのちをそまつにしてはいけない。
C：自分のいのちは、自分だけものではないことが改めてわかった。

子どもの日記より

　これまで「いのち」について考えてきました。そんな中、「いのち」を生命と書くことを不思議に思っていました。私は、いのちを使って生きるから「生命」と書くのだと思います。今回、『自分の番　いのちのバトン』を学んで、いのちを自分だけのためではなく、だれかのために使って生きていることがわかりました。私たちは、まだまだ生きていくための時間があります。私も両親やご先祖様と同じように、自分のためだけではなく、人のため、だれかのためにも、自分のいのちを使って生きていきたいと思いました。いのちを大切にして生きるとは、自分の生きようとする力をもち、支え合うことだと私は思います。

●Ⅱ　アクティブ・ラーニングに対応した道徳授業の実際

[授業展開例 9]

5年　きまりの意義を理解し、守る心

指導法の工夫：問題解決的な学習

1　内容項目「12　規則の尊重」について

〔第1学年及び第2学年〕
約束やきまりを守り、みんなが使う物を大切にすること。
〔第3学年及び第4学年〕
約束や社会のきまりの意義を理解し、それらを守ること。
〔第5学年及び第6学年〕
法やきまりの意義を理解した上で進んでそれらを守り、自他の権利を大切にし、義務を果たすこと。
〔中学校〕
法やきまりの意義を理解し、それらを進んで守るとともに、そのよりよい在り方について考え、自他の権利を大切にし、義務を果たして、規律ある安定した社会の実現に努めること。

内容項目の考え方（5年）

「きまり」を辞書などで調べると「物事のおさまり」「きめられた事柄。定め。規定」「よりどころにして定められている事柄」などとある。「きまり」とは、集団の構成員相互に交わされた公的な了解ごとである。

このような「きまり」を守らなければ、次のような過程をたどることになる。

他人が困る→集団の機能が失われる→やがて自分が困る

「きまり」を守ることによって、個人的な人間関係や集団・社会を構成する者同士の人間関係の信頼や連帯・秩序を保持することができるわけであり、このことをしっかり認識させることが大切である。そのためには、社会のきまりにはどのようなものがあるかを知ることや、それを守ることによってどのような人間関係やどのような集団や社会になるかを認識させることが要点になる。

次に、「公徳心」とは何か。公徳とは、社会生活をするうえで守るべき道徳である。よっ

て、「公徳心」とは、公的な集団や社会の中でのきまりの意義を認識し、それを大切にしようとする心である。このような公徳心をより高めることができれば、当然のこととして、きまりを守る行為が生まれることになる。逆に言えば、きまりを守るという行為を通して、公徳心をより高めることができるのである。

2　教材『図書館はだれのもの』について

教材の概要は、以下のとおりである。

> 学級新聞の調べものをするために、「ぼく」やみちおたち編集部員は町立の図書館に行く。調べものをしながら「ここは記事にしたほうがいいかな」「いや、必要ないと思うよ」など話し合いが盛り上がっていくが、大学生ぐらいのお兄さんから「君たち、静かにしなさい」と注意を受ける。「ぼく」は「すみません」と謝るが、みちおは不服そうに黙っている。帰り道、みちおたちが「ぼくたちだって図書館を使う権利があるはずだよ」と不満を漏らすのを聞きながら、「ぼく」はすっきりしない気持ちでいる。
>
> （出典：『小学どうとく　心つないで　5』教育出版）

『図書館はだれのもの』は、結論のない教材である。よって、話の中にある問題点を見つけ、その問題をどのように解決するかというアクティブな授業が展開できる。

「君たち、静かにしなさい」とお兄さんに注意された時、「ぼく」が取った行動と、同じ仲間のみちおさんが取った行動は、全く違う。その違いを考えさせることによって、きまりの意義が理解できる。さらに、どうすればよかったのかを問題解決的に考えさせることで、「きまり」を守るよさを感じて、その大切さを問いかけたい。

3　ねらい

◎マナーを守ったり、きまりを大切にしたりするには、自分からよりよい社会をつくっていこうとする心が大切であることがわかり、そのような心から生まれた行為が、人間関係や社会での信頼と連携・秩序が保たれていることを実感し、仲間と気持ちよく生活していこうとする。

＊社会のマナーに心がけないと、まわりの人たちが嫌な思いをすることに気付く。

＊まわりの人々のことを考えて行動しようとする心がけが大切であることがわかる。

＊これからの生活の中でも、みんなが気持ちよく生活できるきまりやマナーを守っていこうという意欲をもつ。

4　指導案

学習活動（○…主な発問）	指導上の留意点
(1) きまりについて考える。	☆「きまり」についての今の自分の考えを明確にする。

テーマ「きまりはどうしてあるのだろうか」

学習活動（○…主な発問）	指導上の留意点
(2)『図書館はだれのもの』を読んで話し合う。	☆「きまりはどうしてあるのか」という観点をもって教材を読む。
○「ぼく」はどうしてすっきりしないのだろう。	☆図書館を使う権利について、「ぼく」と他のメンバーの姿を比較し、きまりの意味を考えさせる。
○みちおさんたちの行動の何が問題だったのでしょう。	☆大学生らしいお兄さんが言ったことをもとに、何が問題だったのかを話し合わせる。
(3)『図書館はだれのもの』で、どのように利用するとよかったのか考える。 ○それぞれの班で解決策を考えさせて、全体で交流する。	☆どうすればよかったのか解決策を考えさせる。 ①調べた後に、別の場所に行って話し合う。 ②編集する時だけ、別の部屋に行く。 　　　　　　　　　　　　　　　　など
(4) きまりについて考える。 ○どうして「きまり」があるのでしょう。 ○どうして「きまり」は大切なのでしょう。	☆はじめに聞いたテーマをもう一度聞き、学んだことをまとめさせる。 ☆短いキーワードでまとめさせてもよい。 「きまりは、○○○○だから大切。」

● 授業展開例9　きまりの意義を理解し、守る心

5　アクティブ・ラーニングのポイント

- どうして「きまり」があるのか（どうして「きまり」が大切なのか）という**同じ問いを導入と終末ですることで、1時間で学んだことが明確になる**ようにする。
- 図書館での過ごし方を示唆したお兄さんの言葉をもとに、**問題点を把握**する。
- 自分たちの取った行動について考え、その問題に対しての**解決策をグループで話し合う**。
- 「きまり」の意義、「きまり」の大切さ、「きまり」を守るよさについて、自分の考えをまとめられるようにワークシートなどに**書く活動を行う**。

6　板書

図書館はだれのもの

どんな「きまり」がありますか。
- ろう下は走らない。
- しずかにいどうする。
- いじめをしない。

・このお話の問題は？

そのために

どうして「きまり」があるのだろう？

班の意見をまとめていきます。
1班…調べた後に別の場所で話し合うべき。
2班…図書館はみんなのものだから…。

きまりは、　　　　　　だから大切!!

7　ワークシート

1　みなさんのまわりには、どんなきまりがありますか？

2　きまりは、どうしてあるのでしょうか。

それは

3　「ぼく」たちは、どうすればよかったのでしょうか。

自分の考え　→　学級でまとめた考え

4　きまりとは何か。自分の考えをまとめましょう。

きまりとは

だから大切です。

だから、きまりを守るんだね。

8　子どものすがた

T：きまりって何でしょう？
C：守らないといけないもの。守らないと叱られるから。
T：そうなんだ。今の皆さんに、どんなきまりがありますか？
C：廊下を走らない。
C：時間を守る。
C：いじめをしない。…
T：たくさんありますね。どうしてこんなにたくさんきまりがあるのでしょうね？
C：守らないと困るから。
T：誰が？
C：自分が困るし、みんなも困る。
C：守らないと、普段の生活がぐちゃぐちゃになる。
T：どういうこと？　みなさん、わかりますか？
　　—「きまりはどうしてあるのだろうか」という考えるテーマ（問い）をつくる。—
　　—『図書館はだれのもの』を読む。—
T：このお話の、どこが問題でしょうか？
C：「静かに」と注意された後のみちおさんの行動は問題です。
C：図書館の使い方自体に問題があるよ。だって、図書館は本を読む場所だぞ。
T：では、「ぼく」やみちおさんたちは、どうすればよかったのでしょう？　班で解決策を話し合ってください。
C：1班では「時間を決めよう作戦」にしました。本で調べる時間と別室で話し合う時間をしっかり決めます。そこで、場所を変えて、図書館のきまりを守りつつも、効率よく新聞づくりを進めることができます。
　　—その後、各班ごとに発表する。班ごとの意見をまとめ、解決策とする。—
T：きまりがどうしてあるのか、今の自分の考えを書きましょう。
C：きまりがあるから、みんなが笑顔で楽しく生活できる。
T：きまりは「○○」だから大切。ワークシートの____の中に、短くまとめて書いてみましょう。
C：きまりは、みんなの生活を守ってくれているから大切。
C：きまりは、自分やみんなが楽しく快適に過ごすために大切。

[授業展開例 10]

6年　よりよく生きる喜びを感じる心

指導法の工夫：役割と演技　グループ交流　言語活動の充実

1　内容項目「22　よりよく生きる喜び」について

〔第5学年及び第6学年〕
よりよく生きようとする人間の強さや気高さを理解し、人間として生きる喜びを感じること。
〔中学校〕
人間には自らの弱さや醜さを克服する強さや気高く生きようとする心があることを理解し、人間として生きることに喜びを見いだすこと。

内容項目の考え方（6年）

「よりよく生きる喜び」は、新しく付け加えられた内容項目である。これは現代の子どもたちの自己肯定感が低く、生きる喜びを感じていないことを反映しているものと考える。こうした認識のもとで、人が本来もっている「よりよく生きよう」とする力や人として生きる喜びを感じる心を醸成させたい。

よりよく生きていこうとするエネルギーが自分の中にもあり、弱い自分を乗り越えて、夢や希望に向かって、自分の目指す生き方や自分らしく誇りある生き方を考えさせたい。そして、人間のすばらしさを感得し、よりよく生きていこうとする深い喜びを味わわせたい。そのためにも、偉人（今回は杉原千畝）を教材として扱い、「よりよく生きる喜び」を学ばせることが大切である。

2 教材『杉原千畝』(自作教材)について

杉原千畝は、第二次世界大戦中という状況下で、一人の人間として「愛と人道」に生きた偉人である。外交官として自らの危機や困難を承知のうえで、迫害から逃れるユダヤ人に対して日本通過のビザを書き続けた千畝のすばらしい生き方について、特に次の3点を、子どもたちにとらえさせたいポイントとして取り上げる。

- ドイツ軍に追われる恐怖と不安を訴えるユダヤ人に共感しつつも、外交官という職や自分の命も大事だと苦悩する千畝の思いについて考えさせる。
- ユダヤ人も自分も同じ人間であるという見方でビザの発給を決断し、苦しくても、その後は迷うことなくビザを発給し続けた千畝の愛情の深さをとらえさせる。
- ニシエリとの再会で、自分のやってきたことの正しさを確信した千畝の思いと外務省の命令(国策)に背き、自分の身分や命の危機を顧みないで、ユダヤ人を同じ人間として大切にできたことをとらえさせる。

このようなポイントを考えさせることで、杉原千畝の生き方を通して、人間のよさにふれ、未来に向かってよりよく生きる希望を考え、自己の生き方をつくりだすことがねらいである。具体的には、人と人が心をつなぎ、互いに努力する。そうすれば、みんなが幸せになり、美しい未来をつくりだすことができるという考えを子どもたち自身でまとめられようにしたい。オーバーかもしれないが、杉原千畝の生き方を通して、明るい未来を築いてほしいと願う。

3 ねらい

◎「自分の弱さ」に負けない屈強な生き方を、偉人(杉原千畝)から学び、これからどのように生きるのかを考え、夢や希望をもち、生きる喜びを感じて生きていこうとする。
　＊人には誰しも弱さがあり、それを乗り越えようとする強さや気高さがあることがわかる。
　＊自分にも人間として、より高めたいとする思いや願いをもち、それを大切にしようとする心があることに気付く。
　＊よりよく生きていこうとする人間の強さや気高さを知り、夢や希望などに向かって喜びのある生き方につなげようとする。

4　指導案

学習活動（○…主な発問）	指導上の留意点
(1) 自分の弱さを克服する人（壁を乗り越える人）はどんな人かを考える。 ※自分の考えがもてるようにワークシート（道徳ノート）に書かせる。	☆弱さを乗り越えていくことのできる強い人はどんな人か、自分の考えをまとめる。
(2) 『杉原千畝』を読んで考える。 ○このお話の問題は何でしょうか。 ○自分が千畝だったら、ビザを出すか出さないか。	☆全体の意見の共通点をまとめながら、困難（壁）を乗り越えることができる生き方について学びたいと、一人ひとりに問いをもたせる。 ☆教材の問題を明確にし、見つけさせる。 ☆自分が杉原千畝だったらどうするかを考えさせ、千畝の悩みを知り、決断の難しさを理解する。 ・ビザを出すか出さないかを一人で考えた後に、グループで簡単に話し合う。 ・（杉原千畝を演じる）役割演技を入れ、「出す」「出さない（出せない）」立場をはっきりさせて、そのわけも、しっかりと答えさせる。
(3) 杉原千畝の決断について議論する。 ○千畝はどうしてビザを出す決断をしたのか。	☆杉原千畝の決断（偉業）をグループで話し合い、よりよく生きるとはどういうことかを考えさせる。 ☆困っている人のために、さまざまな困難を乗り越えてでも正しいことを貫く千畝の生き方を理解する。 ・黒板などを使い、自分たちの考えを発表する。
(4) 「『弱さ』を乗り越える（克服する）ためには、自分（たち）は、どのように生きるのか」をまとめ、自分の考えをつくる。	☆杉原千畝から学んだことを書いたり、短いキーワードにまとめたりして、人間のよさを味わわせる。 ☆「自分の弱さ」を乗り越えていく人づくりに必要な生き方を考えさせ、これからの生活に活かす。

5　アクティブ・ラーニングのポイント

- テーマに対して「考えたい」「考えよう」とする問題（問い）の意識がとても重要である。よって、**子ども一人ひとりに問題（問い）ができるまで、書く活動などを通して考え議論する**。
- 「自分だったら、ビザを出すか・出さないか」という発問をして、**役割演技・グループ交流**など工夫した活動を通して、どのように生きていくのか考え、よりよく生きる方向性について議論する。
- 学んだことを自分の生き方へつなげることが重要である。そのため、**短いキーワードを考える**など言語活動を充実させて、自分の考えをまとめさせる。
- 書く活動などの言語活動によって、よりよく生きようとする人間の強さや気高さを理解し、そのよさを実感することができ、自分の生き方へ反映させたい。そのため自己の生き方について考えを深め、**自己評価**なども積極的に行いたい。

6　板書

7　ワークシート

○弱さを克服し、強く生きている人は、どんな人ですか。

○あなたが杉原千畝さんなら、どうしますか。

　　　　　　　　　　ビザを　　出す　・　出さない

そのわけ：

○杉原千畝さんの生き方から何を学び、これからどう生きたいと思いますか。

● 授業展開例10　よりよく生きる喜びを感じる心

8　子どものすがた

　―ビザについての説明をしてから、教材を半分まで読む。―
T：自分ならビザを出しますか？（ビザを出す…30人、ビザを出さない…2人。）
C：出すときまりを守らない人になる。　C：自分の仕事といのちとどちらが大切かといったら、いのちの方が大切。
C：自分は一人だけど、ユダヤ人は200人いるから。
C：自分より、みんなの方が大切。
　―続きを読む。―
C：いい話だね。
T：どこがいい話なのだろう。杉原さんのよさを見つけてみよう。
C：ビザをたくさん書いたところ。
T：どうして杉原さんはルールを破ってまで書き続けたのだろう？
C：ユダヤ人が千畝に願っていたから、助けたいと思う。
C：人間として大事なことだから。　C：人間として大事なことが見えたから、ルールやきまりを破ることができた。　C：人間として大事なことは、人のいのちを守ること。　C：人間として大事なことは、自分と人を平等に思うこと。　C：人間として大事なことは、困っている人を助けること。　C：6000人のいのちを助けるためには、ルールやきまりは関係ない。　C：人間として大事なことは、人を助けることが一番大切。　C：困っている人を助ける心が、人間として大切。

子どもの日記より

　私は、次のように考えをまとめました。まず、①「美しい心をもつこと」。そうすれば、②「人を助けたいという思いがでてくる」。人を思う、人を支える思い、思いやり、やさしさがスタートします。そして、③「人に愛される人になる」という重要な考えがみえてきます。つぎに、その③が発展して、④「人と心をつなぐことができる」ということを発見します。それを発展させるために、⑤「命をかけて努力する」「自分の全力が出せる」という次の段階へ。そして、⑥「世界の人々を幸せにできる」となり、「世界を平和にすることができる」という意味がみえてきます。最終的には、⑦「美しい未来をつくりだすことができる」というゴールにたどりつくことができます。だから、①～⑦のスタートからゴールまでを「人間のよさ」だと言えます。それが杉原千畝のすばらしさであることがよく理解できました。

付録DVD解説

6年『杉原千畝』

　道徳では偉人や先人の生き方から学ぶ教材も多い。こうした偉大な人物を教材で取り上げる場合、従来の指導方法では、偉人たちの気持ちを場面ごとに理解させ、その偉業を見習わせようとする展開が多い。ただその場合、子どもたちにとって問題状況の把握が難しいうえに、偉人や先人の偉業はあまりに立派すぎてまねできないことが多い。

　そこで、竹井先生の授業では、杉原千畝が歴史的な決断をする場面を取り上げ、子どもたちが主体的に問題を見つけ出し、その解決策を考え議論する展開にしている。

　まず、「この物語で何が問題になっているか」を問うことで、歴史的状況や政治的状況を踏まえたうえで、千畝が置かれた複雑な問題状況を的確に把握できるようにしている。

　次に、「自分が千畝ならどうするだろうか」を問うことで、子ども一人ひとりが主体的に問題解決できるようにしている。子どもたちは有名な杉原千畝の人生物語を既に読んで知っているが、自分ならこうした問題場面でどうするだろうかを考えることで、切実に熟慮するようになる。ここではグループでも熟議して、さまざまな意見を自由に交流する。

　単に「ビザを出す」「ビザを出さない」という二項対立の図式で考えるのではなく、「外務省を説得する」「自分の家族を先に逃がす」「退去命令が出るまで書き続ける」などの第三、第四の解決策も提案できるようにしている。竹井先生も子どもたちの考えを深めるために、「ビザを出したら（出さなかったら）どのような結果になるか」「誰にでも無条件に出すのか」「自分が難民ならどうしてほしいか」などを多面的・多角的に問いかけている。

　その後で、竹井先生が難民の役をし、子どもが千畝役をして、ビザを発行するか発行しないかについて役割演技を行っている。こうした体験的な学習を通して、子どもたちは思い思いに自分の考えた解決策を演技しながら、その有効性や意義について考えを深めている。ここでは、目の前に救いを求める難民がいると想定して、「自分は人道的にどのような決断をすべきなのか」を真剣に考えられるようにしている。

　さらに、「杉原千畝はなぜビザを発行したのだろうか」を問うている。ここでは千畝の取った行動の意味をもう一度深く考えることで、そこに示されている道徳的意義を認知的側面から考え、その偉業を情意的側面からも深く感じ取れる構成にしている。ここで再びグループ学習によって議論することで、そこに至る決断の深い意味を話し合わせている。この千畝の決断は、必ずしも子どもたちの考えと同じわけではないが、それでも千畝の決断の意義を深く考えることで子どもたちは人間としていかに生きるべきかを考えるようになり、弱さを乗り越えてよりよく生きようとする自らの実践意欲にもつなげている。（柳沼）

[授業展開例 11]

6年　先人の努力を知り、国や郷土を愛する心

指導法の工夫：ゲストティーチャーの活用 | 他の教育活動との連携

1　内容項目「17　伝統文化の尊重、国や郷土を愛する態度」について

〔第1学年及び第2学年〕
我が国や郷土の文化と生活に親しみ、愛着をもつこと。
〔第3学年及び第4学年〕
我が国や郷土の伝統と文化を大切にし、国や郷土を愛する心をもつこと。
〔第5学年及び第6学年〕
我が国や郷土の伝統と文化を大切にし、先人の努力を知り、国や郷土を愛する心をもつこと。
〔中学校〕
[郷土の伝統と文化の尊重、郷土を愛する態度]
郷土の伝統と文化を大切にし、社会に尽くした先人や高齢者に尊敬の念を深め、地域社会の一員としての自覚をもって郷土を愛し、進んで郷土の発展に努めること。
[我が国の伝統と文化の尊重、国を愛する態度]
優れた伝統の継承と新しい文化の創造に貢献するとともに、日本人としての自覚をもって国を愛し、国家及び社会の形成者として、その発展に努めること。

内容項目の考え方（6年）

　高学年における郷土愛は、中学年と違い「先人の努力を知る」に注力して指導したい。したがって、郷土や国の伝統と文化にはどんなものがあるか知ることや、それが先人の努力によって受け継がれてきたものであることを知ること、また自分もそのような影響を受けて成長したことを知ること、そしてこれから影響を受けて生きていくであろうことを理解することが重要である。この内容項目の理解を深めることで、自分の中にある郷土や国を愛する心は自然に大きくなり、「ふるさと」をいつまでも愛する人間になるのである。郷土愛や愛国心は、自分の原点であることを、内面から育てていくことが大きなねらいといえる。

2 教材『米百俵』について

 本教材は、山本有三『米百俵』(新潮文庫2001) などを参考に作成したものである。
 幕末、新政府軍との戦いに敗れた長岡藩の藩士たちは、その日の生活に困るほど困窮した暮らしをしていた。その長岡藩に見舞いの米百俵が届く。
 大参事の虎三郎は、米を藩の未来の発展のために学校を建てることに使うと言うが、それを聞いた藩士たちは猛反対する。しかし、大参事の命をかけた説得により、藩士たちは郷土のことを考えた虎三郎の気持ちを理解する。
 6年生の子どもたちにとって、社会科などの学習を通して、身近な郷土への知識が豊富になっている。また、地域行事や伝統的な行事、身近な自然体験を十分に経験している。
 しかし、そのような郷土の文化や伝統にどのような意味があるのかについての意識は、まだまだ低い。また、先人の努力や周囲の人々からの恩恵について考える機会も少ない。
 今まで地域で体験した伝統行事や地域行事、あるいは近隣の公園などにおける自然体験を思い起こさせて、その行事や施設には、たくさんの人が関わっていること、昔からの人々の願いがこめられていることを学ぶことが大切である。

3 ねらい

◎郷土やわが国の文化と伝統を大切にし、先人の努力を知り、郷土や国を愛する心をもつ。
　＊自分の住んでいる町や地域のよさ、特色について考えることができる。
　＊自分の住んでいる町や地域についてのよさや特色を調べて知るとともに、町に対する愛着をもち、町や地域のよさを理解する。
　＊「自分たちの町の歴史」「地域の伝統行事」を体験したり調べたりすることで、積極的に地域に関わっていこうとする気持ちをもつ。
　＊自分の住んでいる町や地域が「ふるさと」であるという意識をもち、町や地域のさまざまな行事に意欲的に参加しようとする。

● 授業展開例11　先人の努力を知り、国や郷土を愛する心

4　指導案

学習活動（○…主な発問）	指導上の留意点
(1) 戊辰戦争で戦った長岡藩の絵を見ながら、当時の長岡藩のようすをつかむ。 (2) 『米百俵』を読み、話し合う。 ○虎三郎について、心に残ったことを発表しましょう。 ・自分もおなかがすいて苦しんでいるのに、「学校を建てる」と言い切っている虎三郎は、すごい。 ○何が問題になっていますか。 ・米百俵の使い方で意見が食い違っていること。 ○自分が虎三郎なら、どう行動するか考える。 ・自分なら米をみんなに分配したと思う。 ○藩士たちが今にも斬りかかりそうになってきても、虎三郎が「学校を建てる」と言い切ったのはどんな思いがあったのだろう。 ・自分のことだけを考えないで、藩全体の人たちのことを考えている。 ・今は苦しくても、学校を建てて長岡の子どもたちを教育し、正しい考えをもって行動できる大人がたくさん出てくればもっとすばらしい長岡になる。 ・長岡をよみがえらせよう。自分たちの長岡をよくしたいと思う。 (3) 教師やゲストティーチャーの説話を聞く ・いろいろな伝統的な祭りを行ったり、○○城の復興を願って発掘したりしている人々の気持ちにふれる。（自分の地域に虎三郎のような人がいるだろうか？） (4) 私たちの住む町を愛する人々の姿を追い、自分にできることがないか考える。 ・清水川にカワニナを放流したことがあった。その活動には、将来も自然美しい町であってほしいという、多くの地域の人たちの気持ちがあることがわかった。だから、これからも参加し続けたい。	☆主人公が置かれている状況を理解できるよう、社会科の授業の掲示物などを使って振り返りながら、時代背景や世の中のようすを想像するようにする。 ☆自分が虎三郎ならば、同じことができるか考えることで、郷土への愛情の深さを感じ取らせる。 ☆虎三郎の前で刀を抜こうと迫る藩士たちの姿を絵で掲示し、緊迫感を実感できるようにする。 ☆「藩士の生活を無視しているのだろうか？」と問いかけ、主人公の「申し訳ない」気持ちに共感していく意見を深めるようにする。 ☆いのちをかけても郷土をよりよくしようとする信念を貫く虎三郎の行動力に気付かせたい。 ☆自分の町の歴史や遺跡を残したいと願って活動している人々の気持ちを紹介し、思いや生き方を考えさせたい。 ☆自分の地域に対する思いをワークシート（ノート）に書きながら、自分の気持ちを見つめる。 →地域活動への発展もあり。

5 アクティブ・ラーニングのポイント

- 米百俵の活用方法についての意見の食い違いが、この資料の大きな問題になっていることを把握するために、「ここで何が問題になっているのか」を考え、学習意欲を高める。
- 虎三郎のような行動が難しいことを理解させるために、米百俵の活用方法に関する問題について、「自分が虎三郎ならどうするか」と主体的に学ばせる。
- 虎三郎の思いを十分に理解させたうえで、教師（ゲストティーチャー）が自分たちの地域にも同じような思いをもった人や行事があることを伝える。なお、ゲストティーチャーを招く場合は、事前に綿密な打ち合わせをして、内容項目からずれない説話をしていただくようにする。
- 自分たちにも地域でできることがないか考えさせ、特別活動など他の教育活動と連携する。
- 郷土愛を育む永続的な理解へつながることを意識させる。

6 板書

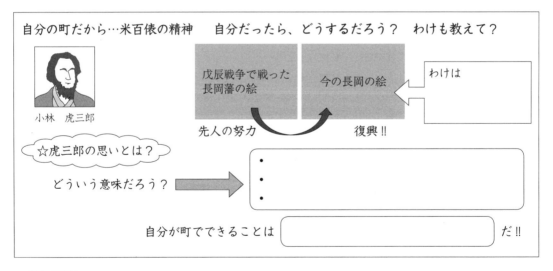

板書の工夫
①長岡の復興のようすを絵（写真）で見せ、そこには米百俵の精神が町を支えたことを理解できる板書にする。
②自分が虎三郎だったら、何をしたか考えさせ、議論することで問題解決の力を育む。
③虎三郎の思いをじっくり感得できる板書づくりをする。

7　ワークシート

○この話のすばらしいところは、どこですか。

○自分が虎三郎ならどうしましたか。　　どうしてそうしたのか、わけを書いてください。

○虎三郎から学んだことをまとめて書きましょう。

○地域にも虎三郎のような人がいないか調べてみましょう。

どんな人？：

○自分も地域のためにできることがないか考えてみましょう。

できることは？：

8　子どものすがた

T：戊辰戦争って知っていますか？　このまえ社会科で勉強しましたね。これを見てください。
　　―長岡藩の絵と長岡市の写真を貼る。―
C：ずいぶん変わった。
C：復興した。
C：緑も多いし、建物もたくさんある。
T：どうして、復興できるのだろうね。
C：そこに住んでいる人ががんばったから。
C：自分の町への思いじゃないかな。
T：いいですね。みんなが思っているように、戊辰戦争の激戦地だった長岡も、今では大きくすてきな町になりました。この町にはある精神がその原動力になっています。
　　―米百俵の写真を貼る。―
C：米百俵の精神？
T：そうです。小林虎三郎という人を紹介しますね。
　　―写真を貼り、資料を配って読む。―
T：このお話のすばらしいところはどこですか？
C：虎三郎が、米百俵をお金にかえて学校をつくるところがすごい。
T：みんなが虎三郎だったら、どうする？
　　―書く時間をとり、ペアで交流させる。―
C：ぼくが虎三郎だったら、お米を配ると思う。みんなの怒りを和らげたい。
C：私もお米をみんなに配って元気を出してもらうかな。食べられないと死んじゃう。
C：同じようにしたかもしれない。でも、まわりの人の協力がないとだめだと思う。
C：虎三郎のようなことをするには、長岡が大好きで、それを人に伝えないといけない。
T：いいですね。では、虎三郎はどんな思いだったのだろうね。虎三郎が言った言葉からも考えられそうだね。
C：人を育てることが町を復興する大きなかぎだと思ったのだと思う。
C：きっと、長岡の10年後、20年後を考えていたのだと思う。それほど好きだった。
C：長岡という町を愛する気持ちはみんな同じだったのだと思う。だからやれたと思う。
C：教育で人をつくることは、町をつくることと同じように考えていて、すごいと思う。

● 授業展開例11　先人の努力を知り、国や郷土を愛する心

T：みなさんの地域にも、虎三郎のような人はいませんか。
T：夏にほたる祭りがあるね。そのほたるを飼育して、川の管理をされている「ほたる保存会」の川喜田さんです。
　　―川喜田さんの話を聞いて、感想（自分にもできること）を書く。―
C：この地域に昔からあるほたる祭りの意味がわかりました。これからも楽しみです。
C：ぼくも清水川に行ったら、ゴミを拾って、ほたるが育つように応援したいです。
C：ほたる祭りで、踊りやイベントに参加して、町のよいところを紹介したいです。
C：ぼくは、清水川のほたるが大好きだから、ほたるの飼育のボランティアをしたい。
C：いつか、川喜田さんのように、ほたる保存会に入って、この町のよさを引き継ぎたいと思いました。
C：自分たちの住んでいる町には、すてきなものがたくさんあることがわかりました。夏休みになったら、町のよいところを見つけてまとめてみたいです。

おわりに

　いよいよ「道徳科」の全面実施が迫ってきた。これから、よりよくなっていく子どもたちの心の教育に期待しているところだが、現場の先生の多くは不安を抱えているように思われる。

　先日も、ある県の指導主事の先生方が訪ねてきた。「どのような授業をすればよいのか」「評価はどうすればよいのか」という質問であった。その切実でストレートな質問に、私は「大丈夫です」と答えた。そのわけは、以下のような理由からである。

- 授業は、もっと子どもにゆだねればよい。
- 評価は、子どもたちのよさを見つければよい。

　ついつい教師は、「教えてやろう」「評価しなければならない」という気持ちばかりにとらわれることがある。このようなスタンスでは、道徳科はきっと不安なものになる。

　「子どもたちとともに考える授業づくりをしてみよう」「もっと子どもたちのよいところを見つけてみよう」という謙虚で純粋な気持ちを忘れずに教壇に立てば、不安はない。

　若い先生方から道徳の授業づくりについて相談を受け、アドバイスをするが、若い先生の授業は、いつも私の想像をはるかに超えて、驚くほどすばらしい。

　そんなすばらしい授業を分析した結果、ある共通点が見えてきた。それは、子どもたちをよく見て、柔軟に授業を進めているという点である。子どもたちとよく遊び、子どもたちをよく知り、子どもたちの心の動きをつかんでいるのである。

　私は、ここにアクティブ・ラーニングの礎があると確信している。

　アクティブ・ラーニングは、すればよいのではない。まず、教師自らがアクティブ・ラーニングができる柔らかい心をもち、子どもたちの心の動きをつかみ、ともに学ぶスタンスで授業を進めることがまずもって大切である。

　本書は、このようなスタンスに立ち、岐阜大学の柳沼先生よりご指導をいただきながら、私の今までの実践をまとめたものである。

　私の実践の良しあしを問うことより、「私ならこうする」「こうした方がよい」と新しい授業づくりに向けて議論する時間を大切にしていただきたい。本書が、そのたたき台になればと願っている。

　また、低・中・高学年のそれぞれ45分の授業を、ポイントごとに短く（約10分に）まとめたDVDも添付したので、ご覧いただきたい。

　悩んでいる先生方が、ともに考え議論できるように本書はつくられたのである。

本書のよさがあるとすれば、共著者の柳沼先生の理論と私の実践を融合させ、文部科学省が提言する「道徳の授業の質的転換」の具現化を図っている点だと考えている。
　道徳の授業の何をどのように変えればよいのかを明確にしたいという願いをもち、第5章の各学年の実践では、内容項目の考え方、ねらいと評価、指導のポイント、指導案、ワークシートを掲載し、すぐに授業実践できるようにした。少しでもお役に立てばなによりである。
　若い先生方も、ベテランの先生方も、本書を手に取り、同じスタンスで考え議論していただきたい。もちろん私もその一人であり、読者の先生方とともに考え議論したい。

　平成30年からスタートする道徳科は、子どもたちの心を大きく育み、一人ひとりが明るい人生を歩むことができる羅針盤のような時間としたい。そのためには、私たち教師が道徳科のあり方を前向きにとらえ、子どもたちと楽しくかけがえのない時間をつくりだしていきたい。本書がその手助けになることを願っている。
　道徳科に悩んでいる関係者の皆様、どうか本書を手に取って、安心していただきたい。そして、道徳科全面実施の開始の時を楽しみにしていただきたい。
　それが、未来を担う子どもたちのためであり、これからの日本の道徳教育を大きく発展させる最後のチャンスを生かすことにもなるのである。

　最後に、共著していただいた岐阜大学の柳沼良太先生、教育出版の阪口建吾様、授業実践DVDを録画していただいた千代田ラフトの皆さまに感謝したい。

　　平成28年5月

竹井　秀文

著者紹介

柳沼 良太（やぎぬま りょうた）
岐阜大学大学院教育学研究科准教授。主な著書として『プラグマティズムと教育——デューイからローティへ』（八千代出版、2002）、『問題解決型の道徳授業——プラグマティック・アプローチ』（明治図書、2006）、『実効性のある道徳教育——日米比較から見えてくるもの』（教育出版、2015）など。

竹井 秀文（たけい ひでふみ）
名古屋市立下志段味小学校教諭。主な著書として『実践から学ぶ深く考える道徳授業——道徳のポイント12の資料 24の実践』（共著、光文書院、2015）。

アクティブ・ラーニングに対応した道徳授業
——多様で効果的な道徳指導法——

2016年8月31日　初版第1刷発行

著　者　　柳沼　良太
　　　　　竹井　秀文
発行者　　小林　一光
発行所　　教育出版株式会社
　　　　　〒101-0051　東京都千代田区神田神保町2-10
　　　　　電話 03-3238-6965　振替 00190-1-107340

©R. Yaginuma / H. Takei 2016
Printed in Japan
落丁・乱丁はお取替いたします。

組版　ビーアンドエー
印刷　モリモト印刷
製本　上島製本
DVD制作　千代田ラフト

ISBN978-4-316-80436-1　C3037